AF607142

PIER PAOLO PASOLINI

La palabra que construye el mundo

MAESTRALE 07

Esta obra ha recibido
una ayuda a la edición del
Ministerio de Cultura y Deporte

PIER PAOLO PASOLINI

Traducción de Fabrizio D. Morselli

La palabra que construye el mundo

I. PIENSO EN LOS MUNDOS METAFÍSICOS...[1]

El sentimiento estético no tiene un origen común. Recuerdo que en mí la poesía nacía, cuando era un niño y luego un adolescente, como deseo de expresarle mi vida a los demás. Algunas experiencias marginales (pureza, religiosidad) aparecieron en mi vida a la hora de la verdad, en el espacio infinito y real de mis sentidos. La poesía no tiene un origen común, cada poeta reconoce en su poesía, sencillamente, unos hábitos irrepetibles. La poética estudia problemas técnicos, es decir, la lucha entre el poeta y el lenguaje. Esta lucha es, sencillamente, un sentimiento de desasosiego y de ira contra la lengua usual no solo de la gente, sino también la del poeta, quien normalmente se limita a utilizar a lo largo de su vida unas pocas palabras, y siempre las mismas. «Luna», «juventud», «ilusión» en el caso de Leopardi; *ver, zephirus, coelum* en el de Virgilio... La inspiración, que en los últimos años de la estética se ha convertido en palabra nefanda, es el momento de la vida en el que aquellas pocas palabras suenan con

1 Publicado en *Libertà,* 17 de marzo de 1946. Tomado de P. P. Pasolini, *Saggi sulla letteratura e sull'arte,* I-II [1999], W. Siti y S. de Laude (eds.), Arnoldo Mondadori editore, Milán, 2008[3], este artículo en I, pp. 149-151. *(Todas las notas a pie de página son del traductor).*

más intensidad, como si fueran ahora, solo en este momento de mi vida, verdaderamente nuevas. Se vuelven a escribir entonces con mano trepidante y luminosa, con la ilusión de ponerlas finalmente en el orden absoluto, tras el cual mi vida interior (que está comprendida en esas pocas palabras) será cumplidamente comunicada a los demás.

Creo que cualquier otro empeño en las cuestiones de forma, de lenguaje poético, pertenece a una actividad inferior del poeta. Los problemas de musicalidad, de rima, de pureza, de color, de organización, de alejamiento, de totalidad, son problemas vanos que tienen ocupada la mente del poeta cuando está acabado y razona movido por la sensibilidad y por la inteligencia, que tiene (por naturaleza) extraordinariamente agudas. Sobre todo, la sensibilidad. Y como las sensaciones son infinitas y nos recorren el cuerpo agolpadas, el poeta conoce las innumerables cualidades que tienen y, para todas y cada una de ellas, las palabras o los juegos de palabras. Y en ello se recrea el poeta; esto, sin embargo, no lo hicieron ni Virgilio ni Leopardi. Lo que para Baudelaire era la imaginación, para nosotros es la sensación: la perfección extrema y terrible de los sentidos, que mantiene al poeta siempre fuera de sí, en la cima de sí mismo. Innumerables palabras, pues, podría dedicar el poeta a su delicada vida de sentidos, memorias, afectos e inteligencia. Pero sabe que esas pocas palabras pretenden de él toda la cura, toda la ambición, porque solo con ellas, esas pocas, es posible comunicarle a los demás algo de sí mismo.

Pienso en los mundos metafísicos que construye la palabra en Mallarmé, en Rimbaud. Pero son mundos absolutos en el comienzo de la búsqueda, pues en los resultados definitivos podrían ser otros. El mundo que debe construir la palabra es este: este en el que ahora vivo. La diversidad es poca entre el mundo de un hombre y el mundo de otro hombre, pero es más difícil construir un mundo que está a un metro de la realidad que en los espacios metafísicos.

El problema del conocimiento es, en el fondo, como la mayoría de los hombres ingenuos lo concibe. La materia se redime en una perfección incompleta. Perfecto es un árbol, perfectos son mis ojos, el árbol ha sido visto, mis ojos lo ven. La relación tiene, pues, un sumo y natural equilibrio, y la realidad de ese árbol debe ser pensada desde el punto de vista de la perfección de la materia. Si, luego, para cada cual el mundo y la realidad se presentan de manera dispar, esto sucede solo por una diferente disponibilidad del amor. Es, entonces, el afecto diferente, que liga al hombre al mundo, lo que crea un mundo diferente para cada uno de los hombres. Expresar esta ligera, aunque capital, diversidad de afecto (que en el poeta se enriquece con infinito número de sensaciones) es el objeto de la poesía.

¿Era necesario que yo naciera en mí? ¿Podría haber sido otro? Si mi madre se hubiera unido a otro hombre, ¿quién sería yo? Antes de que yo naciese, ¿qué había de mí si ahora soy infinito? En el haber devenido yo «yo mismo», el mundo todo ha tomado vida. Y me repugna ser el fruto de un ininterrumpido caso de generaciones. Pero basta con la gratitud (en el despertar de un sueño, en el ver —en un prado— mi cuerpo), basta con la gratitud por lo que me rodea para distraerme de aquel primer sentimiento, o sea, del estupor de haber nacido. Pero hay algo «sólido» en nosotros que se me escapa. Misterio, lo llaman, eterno, sombra, vacío... Nosotros, los de hace un año, los de hace un instante, no somos sino sustancia incorpórea que existe en el aire de la memoria. Sin embargo, a pesar de todo, hay en nosotros una solidez que resiste tranquilamente a las turbulencias que lo envuelven.

Tenemos, por ejemplo, el sentimiento de satisfacción que da haber expresado bien una noción, una imagen sobre los argumentos que deberían constituir nuestro llanto perpetuo, es más, nuestra anulación.

La grandeza de la palabra, pero también sus limitaciones, consiste en hacer serenos los sentimientos.

II. LOS NOMBRES O EL GRITO DE LA RANA GRIEGA[2]

La infinidad que sentimos por doquier, pero más aún en nosotros mismos, alcanza siempre un límite sensible. Llega a un límite tras el cual poder abandonarse, callar. Los cuerpos, es decir, todo lo presente, son el límite. Quien advierte o siente en sí aquel infinito dentro del extenso desierto que es su vida, quien se siente un límite o una sombra del espacio que hay más allá de las dimensiones habituales (pero experimentable en todo momento) no puede ver en aquel una luz o un sentido cualquiera. Debe sentirse atrapado, si acaso, por un horror hondo e irreparable, pues no se trata solo de infinito, de luz (palabras son, al fin y al cabo, o, como mucho, extensiones); atrapado por lo desconocido sin lugar, ni situado ni extenso, del que somos límite, del que, no obstante, somos conscientes. La consciencia es un límite más, y dónde se encuentra este límite, si no es quizá en las lindes de nuestra vida, es indemostrable. Pero nuestra vida linda a cada instante, y muestra continuamente un contraste absoluto entre donde «estamos» y donde «no estamos». Tras la atónita luna, tras las nubes, tras las hojas, tras las aguas indiferentes,

2 Publicado en P. P. Pasolini, *Saggi* [2008:1, 193-198].

tras los ojos humanos se extiende la infinidad, pero *«invinciblement caché dans un secret impénétrable».*[3] Los hombres no podemos aferrarla sino en un instante desesperado y recaer luego en la resignación inanimada a la que nacer hombres o, en todo caso, nacer, estar vivos, nos ha destinado.

Pero ese instante nos da el sentido de nuestro inmenso origen, nos reconoce vida, nada más; vida que tiene forma animada y situada en una consciencia especial. Pero ¿de dónde nace aquel instante de claridad inhumana? De todo, decía: la luz, el sonido, los objetos. Y aun añado, y no es todo, la palabra, el tenue vínculo que nos une, a los hombres, en la superficie de aquel no-ser que se extiende por doquier a nuestro alrededor, dentro del cual el cuerpo no puede (¿cómo podría?) desaparecer conscientemente. Y no me refiero a la palabra poética que lleva a la «quietud en la luz»,[4] que es otra cosa, sino a la palabra humana tal y como se ha originado en nosotros, en los sentidos, en el ignoto y fulmíneo mecanismo del intelecto.

«Más allá» es una expresión utilizada comúnmente para significar la ausencia en la vida presente, en el estado corpóreo. Pero si vamos más allá del ligero resplandor que ante la repetición de las «aes» nos hace vibrar los sentidos, y colorea con significado demasiado habitual las tres sílabas, entonces, veremos cómo cobran vida y asumen un sentido absoluto gracias al vívido sonido o color en el cual consiste, y que es

3 «Invenciblemente escondido en un secreto impenetrable», frase de B. Pascal, LES DEUX INFINITS, en *Pensées.* De los *Pensamientos* hay edición española, X. Zubiri (tr.), Alianza Editorial, Madrid, 2015.

4 En italiano en el original: *«quiete nella luce».* Es una expresión presente en la declaración al verso 7 de la canción 13-14 del *Cántico espiritual* de san Juan de la Cruz: «… sino sosiego y quietud en luz divina…». Véase *Cántico espiritual y poesía completa,* P. Elia y M. J. Mancho (eds.), Crítica, Barcelona, 2002.

el límite del infinito. *Pulchritudo tam antiqua et tam nova.*[5] En realidad, ¿en qué consiste la vida si no es en un estar «más aquí»? Y se trata, de nuevo, de una linde, de un confín demasiado fácilmente superable para que uno de los dos estados pueda parecer, realmente, diferente del otro. El MÁS ALLÁ no está solo al final de la vida, sino que está cerca de nosotros a cada instante. Cerca, pero ¿dónde? El problema es establecer la verdadera dimensión de dicha cercanía. En la terrible precisión de la expresión «más allá» radica su belleza, la belleza que promueve en nosotros la resignación, nos agita y nos lleva a aquel instante profético. Es una aureola de infinito que hace amadas las palabras.

«Ἔμπυρα χαλκοαρᾶν», dos palabras griegas que desconozco,[6] límites a un infinito que resuena entre las espirales de las sílabas. La primera palabra, que no sé qué significa, llena un espacio, es algo perfectamente terrenal. Llena el espacio con tres sílabas vaguísimas, su belleza deriva del llevar acento en la primera sílaba, del encuentro suavemente sonoro de la μ y de la π... ¿Qué decir de la tenue blancura de la ípsilon, del temblor imperceptible de la «ro»? En el modo de alargarse que tiene la palabra se hace nuestra, humana. Como cosa sensible es el límite de una infinidad cuya dimensión, a pesar de resultar impensable, no puede llamarse espiritual porque son los sentidos los que la advierten. Ἔμπυρα representa una vida desconocida, y es perfecta como un simulacro: tienen las sílabas indudablemente

5 «[Tarde te amé,] belleza tan antigua y tan nueva», en Agustín de Hipona, *Confesiones,* X.27.38. Hay edición española, A. Uña Juárez (tr.), Tecnos, Madrid, 2012[3]. La cita en la p. 440.

6 Píndaro, *Odas ístmicas,* 4.81: «... y apilamos sacrificiales piras a los ocho muertos, en armadura de bronce vestidos...». Hay edición española, *Odas y fragmentos,* A. Ortega (ed.), Gredos (BCG, 68), Madrid, 1984.

la brillantez del mármol, y me refiero a πυρ, tan nítido y luminoso. Tiene el gesto agraciado, de simulacro (para ser exactos), con los brazos en alto... Tiene también algo de empíreo, con un cielo fabuloso sobre la Acrópolis en uno de esos días realmente vividos en la tierra, cuando otros también estaban vivos; y en ella se conservan los ecos habituales de una vida que entonces era la única, la verdadera y, como tal, imperfecta. Y todavía más aparece esta vida en χαλκοαρᾶν, palabra plebeya, vigorosa. La voz de un ateniense muerto resuena en ella, entre las sílabas sin hendiduras, entre las vocales largas y el χ y el κ acerados. Abre, la plúmbea χαλκοαρᾶν, la puerta que conduce al infinito, soportando el peso de algún afecto o de algún gesto terrenal.

[Νεφέλη], nube. La palabra griega dibuja claramente, pero no presupone. La pureza de las sílabas es en verdad marmórea. [Νεφέλη] tiene el color del alabastro y un soplo de viento, pero no presupone nada, es la imagen de lo que para los griegos era νεφέλη y para nosotros nube, que es una cosa infinita. Pero «nube» o «nimbo», ¿no tienen un significado engañoso para nosotros? Nos hace pensar en lo oscuro, en lo que es contrario a la luz, en el pecado. [Νεφέλη] es purísima, como la luz. Erra segura por los cielos y la mueve un [ἄνεμος] sensible y una perfecta necesidad. Las palabras griegas afilan la realidad desnudándola, es decir, despojándola de lo caduco. Νεφέλη es la nube hermosa. Nube, para nosotros, es un concepto confuso, mezcla lo oscuro con la perfección de blancura y de formas. Entre ὕδωρ y agua, entre Σικηλία y Sicilia, entre νέκταρ y néctar... hay la misma diferencia. Los nombres griegos tienen luz, los sustantivos en romance tienen color; los griegos sonido, los romances melodía; los griegos perfectos, los romances perplejos; los griegos soleados, los romances nublados. Los *aqua, Sicilia, nectar* latinos son paganos, y por eso semejantes a los griegos, pero tienen una menor semejanza fantástica con las cosas reales.

Que los griegos fantasearan acerca del infinito está demostrado: 'Απείρων, ἀπειρέσιος se encuentran con frecuencia en Homero. La α que denota privación indica una condición completamente diferente de aquella a la que estamos acostumbrados. Pero en el espacio y en el tiempo. Y así es el infinito para los hombres verdaderamente tales, a quienes el cristianismo no ha dado una segunda naturaleza pero que, conservándose esencialmente paganos, han salvaguardado su desnuda unidad. Leopardi:

> *... interminati*
> *«spazi» di là da quella, e sovrumani*
> *«silenzi», e profondissima quiete...*[7]

Y el ateo Pascal: *«Ces deux abîmes de l'infini et du néant»*.[8] Espacios, *abîmes:* es el infinito de los sentidos, pagano; es lo único que podemos entender sin desdoblarnos. (Pero, como cristianos, otro es el infinito que nos atormenta, y no va más allá de las cosas, sino que está dentro de ellas, está en nosotros, y el límite no es un seto, sino que está, repito, en la dimensión pavorosa que no escapa a los místicos...). Y los nombres griegos, y los latinos, no presuponían aquel infinito nuclear que en los nombres romances o cristianos se abre inexpresable. Hay en aquellos una infinidad más dulce, de espacios y de milenios, pero aún mejor es decir de infinidad poética. ¡Cuánta poesía hay en ἔρως, que es amor poético!

7 G. Leopardi, *Cantos,* 12. El infinito, versos 4-6: «... ilimitados | espacios más allá de aquel, y sobrehumanos | silencios y hondísima quietud...». Edición española de A. Colinas, Alfaguara, Madrid, 1990.

8 B. Pascal, Les deux infinits, en *Pensées.*

No sé qué violencia sopla desde aquellas sílabas apretadas, qué suave violencia. Respira una violencia que fue deseo humano, y que todavía lo es, y que las rojas sílabas devuelven a los sentidos como cosa caduca y dulcísima. No sé si se trata de la forma sanguínea de la ω o la ρ breve, rápida, o esa ς susurrante, pero es cierto que nos invade un temblor con aquella palabra roja que es deseo de nombre, que es una inquietud arcana y febril. Y las innumerables memorias amorosas se alzan como serpientes en el corazón, el descontento irremediable, la sana libido del hermoso cuerpo ajeno, los miembros perfectos, el seno, los brazos, el gesto; y los tiempos y lugares infinitos del amor. Todo esto es un anhelo del nombre que nos nace dentro pero que después, realmente, nos consume en el «tiempo irrecuperable». ¿Cómo nacieron los nombres? ¿Es verdad que no hay palabra sin imagen? ¿Son o fueron las palabras imágenes? Quien se pregunta todo esto no tiene presente que en las palabras anida la misma infinitud que hay en nosotros y en todo lo terrenal. Es indudable que la dulce «c» representa lo que luce. Así, la palabra «luce» es imagen de lo que es la luz. Pero hay también algo de música o, por mejor decir, de sonido. Y la imagen está ligada a aquel sonido. Así, en la palaba «acedía» hay algo de luz. Y en «reciente» hay luz: «Al resplandor de la reciente luna».[9]

Y es verdad que se limita la inenarrable infinidad de los nombres si los declaramos imágenes, si son también sonido, si son también concepto, si son también afecto. Pero no es menos cierto que «en ninguna de las lenguas de las que podemos estudiar la historia existe un vocablo abstracto del que, si sabemos la etimología, no se resuelva con una

9 G. Leopardi, *Cantos,* 25. El sábado en la aldea, verso 19: *«Al biancheggiar della recente luna».*

metáfora». Pero también aquí hay que distinguir para que, a fuerza de distinciones, se pueda llegar al indistinto infinito. Μεταφέρω, «llevo más allá», ¿en qué consiste la metáfora sino en esto? Pero los medios son diferentes. Y cada una de las palabras nacieron de manera diferente, por mucho que todas sean una metáfora. ¿De dónde nació «madre», *mother, mère,* etcétera? Es cierto que no es imagen ni música. Es, sustancialmente, sonido, murmullo, como si hubiera nacido de los labios inconscientes del hombre-niño. Las imágenes se le atribuyeron más tarde, pero son imágenes falsas, sentimentales. Así, «melodía» es todo música, y «horror» es todo imagen. Ahora bien, si por diversión nos esforzamos en inventar una palabra para una realidad o un concepto que no tienen nada de ambos, ¿qué buscaremos dentro de nosotros? Una metáfora pura, o sea, una cosa prodigiosa, enorme, que solo la divinidad natural de nuestra mente puede inventar. Las palabras son, pues, metáforas naturales, y consisten en llevar más allá. De hecho, por un lado, tenemos la naturaleza incognoscible de las cosas; por el otro, la nuestra, y las palabras abren la increíble relación entre los dos mundos, llevan las cosas más allá de su dura existencia, las llevan en nosotros. ¿Por qué yo ante el cielo digo «cielo» y así me parece que lo conozco? Pero, por supuesto, no me hago ilusiones de que tal conocimiento sea algo seguro: solo sé que el único modo de sentirlo cercano es llamarlo «cielo». Y no puede ser una relación tan incierta y absurda si yo no puedo llamarlo absolutamente de otro modo, y así desde hace milenios; y antes era *«cœlum»*. No habría conocido jamás el azul, el «ser» azul, el tender al azul, el no-ser-yo-azul, si no hubiese tenido esta palabra que, sin ser la linde en la que acabo yo y en la que empieza el cielo, es, con todo, una salvación natural en la inhumana búsqueda de aquel límite.

III. LA INSPIRACIÓN EN LOS CONTEMPORÁNEOS[10]

La intervención de la razón en el escribir poesía es a veces un impulso persuasivo, consciente, hacia lo irracional. Se sabe que abandonarse al sentimiento (a la inspiración) es una ebriedad privada cuyos límites morales o estetizantes están más acá de la poesía porque en ella no interviene la crítica. La presencia de la crítica mientras se escriben versos es algo verdaderamente delicado, por cuanto debe ser esta la que sugiere la sintaxis, las imágenes, los atributos, etcétera, que no destruyan —con su naturaleza material y, por tanto, serena, imperturbable— la severidad y el compromiso moral de la confesión. Es evidente que con «crítica» o «razón» me refiero a la conciencia poética sobre la que fue Baudelaire el primero en detenerse. Tras la conciencia, lo racional se libera diligentemente, deviene un nuevo mito bastante diferente del que para los románticos era la «ingenuidad». La liberación sucede —es natural— de manera diferente según los poetas. El *œil double* de Verlaine le sugiere al autor *«les lueurs musiciennes»*, el *«sommeil noir»*, etcétera; es decir, su musical

10 Publicado en *La fiera letteraria*, 2.10, 6 de marzo de 1947. Tomado de P. P. Pasolini, *Saggi* [2008:1, 203-209].

escarpolette.[11] Es inútil hablar del valor de dicha conciencia en Mallarmé y en Valéry. Lo destacable del proceso es la renuncia y la desestima de la inspiración por cuanto el alejamiento del poeta de su «vicisitud» está preestablecido y no se debe al sentimiento que podrían aducir los románticos con este fin, la ironía, sino a una rigidez crítica, al sentido de lo absoluto que todo lo invade, la voluntad de Eupalino. La presencia de este elemento nuevo, la conciencia de la poesía destruye las ilusiones románticas, anula la irracionalidad que estuvo siempre latente en la poesía anterior, y que se había hecho presente, más que en otros autores, en las obras primitivas, tan anheladas por los románticos, y tan mal comprendidas. Lo irracional de los poetas puros es lo que está más cerca de la poesía «de los orígenes» como la entendía y describía Vico. No significa nada que tal irracionalidad sea, ahora, consciente. La analogía es un hecho probatorio de la naturaleza de inspirados que tienen los poetas puros en cuanto, aunque postulada y aceptada por la voluntad, nace de un mecanismo irreversible de la fantasía, y el poeta debe pasar por un momento de ceguera para descubrir fuera del mundo, del que es —pasablemente— consciente, una relación entre dos imágenes o conceptos que la costumbre no concatena. Este testimonio que el proceso poético de la analogía nos presta tiene un valor, naturalmente, en el mundo empírico, cuando no se presuponga una noción general de la poesía y se la entienda, sencillamente, como presencia: presencia material. Y lo consiente que, con el proceder del descubrimiento de la poesía pura, se desarrolla el concepto de la poesía como técnica, que es, exactamente, el que determina la devaluación del «poeta inspirado».

11 Son expresiones de P. Verlaine, *Romances sans paroles*, ARIETTES OUBLIÉES, II.

Novalis, Coleridge, Shelley, Keats descubren como búsqueda en sí el medio del arte, la palabra, que es sonido y color. Burke lo había ya pensado: «La poesía es siempre reemplazar cosas con sonidos».[12] Y Novalis: «La expresión por medio de sonidos y de signos es una abstracción digna de ser admirada, con cuatro letras se me muestra a Dios».[13] Y Shelley: «Hay una relación doble de los sonidos con los pensamientos y con las cosas que estos representan [...]. Una percepción —precisa Anceschi en *Autonomía y heteronomía del arte*—[14] del orden de esta relación fue siempre vista como común a una percepción del orden de los pensamientos. Hay una especie de "relación constante" entre pensamiento y música, entre palabra y sonido». A reflexiones igual de remotas y casi hermenéuticas los empujaba un compartido *furor poeticus,* es decir, una idea anormal de la belleza. Y Keats dice por boca de todos: «... Es que, para un gran poeta, la idea de belleza domina sobre cualquier otra consideración o, incluso, induce a nada cualquier otra consideración». Dedicar la vida a la literatura, adelgazar el propio pensamiento en finezas poéticas extremas, adentrarse aventurero en las regiones del espíritu, ¿acaso no demuestran la «autonomía» real de estos poetas? Y, por ende, en buena parte, la inspiración poética de su poesía. Es cierto: reconocer el medio poético como algo completamente diferente y, al mismo tiempo, aislable,

12 E. Burke, *Indagación filosófica sobre el origen de nuestras ideas acerca de lo sublime y de lo bello,* M. Gras Balaguer (tr.), Alianza Editorial, Madrid, 2014.

13 Para las reflexiones de Novalis sobre el valor poético de las palabras y los sonidos, véase «Fragmentos sobre el poeta y la poesía» en *Escritos escogidos,* J. Talens (ed.), Madrid, Visor, 1984.

14 Se refiere a L. Anceschi, *Autonomia ed eteronomia dell'arte,* Sansoni, Florencia, 1936. Las notas y citas de Pasolini parten del ensayo de Anceschi, y la reflexión sobre la *«poesia in senso stretto»* frente a la poesía en general se lee en la p. 59.

tangible, significaba separar —aunque no del todo conscientemente— la poesía de otros hechos espirituales y, en el fondo, del espíritu. Cuando Novalis, en los fragmentos, piensa que hay que escribir como se compone música y propone inventar las leyes de una «Fantasía» que exprese las razones universales de la belleza de las palabras; o cuando Wordsworth se dedica a «adaptar a las leyes de la métrica una selección del lenguaje real de los hombres en un estado de vivida sensación»; o Coleridge paragona la iluminación reveladora y renovadora de la poesía con «el imprevisto encanto que los accidentes de luz y sombra extienden sobre un paisaje conocido y familiar», vemos que todos estos poetas están inmersos en un estado que no es humano, o lógico, o filosófico, sino puramente poético. Y se podría identificar este trabajo práctico, el indistinto detenerse en la técnica, con lo que Shelley definía «poesía en sentido estricto [*ristretto*]», afinamiento extremo del medio expresivo, que acababa por distraer tanto al poeta que lo hacía devenir, también a él, el verdadero, el único escopo del poetar. Shelley no podía alcanzar, naturalmente, el concepto de pureza, pero ya, en secreto, quizás, veía en la poesía en sentido estricto trabajo creativo, elección de palabras, el único y dulce fin. Y fue así como los poetas románticos le allanaron el camino a Baudelaire, a Mallarmé... Al poner así las cosas, ¿no es advertible algo patológico en el nacimiento de la noción de autonomía, de la poesía en sí? (No olvidemos que de los poetas de pleno siglo XIX nacerá, por otros conductos, el decadentismo. Y léase a este respecto el definitivo libro de Praz, *La carne, la muerte y el diablo en la literatura contemporánea*).[15] De hecho, nacía de un error, de una pasión. Y como la antinomia entre autonomía y

15 Hay edición española, R. Mettini (tr.), Acantilado, Barcelona, 1999.

heteronomía es, fatalmente, un dilema universal y no contingente del espíritu —y, como tal, irresoluble en teoría, pero perfectamente resoluble momento por momento—, he aquí que aquellos poetas caían con toda naturalidad desde lo fantástico, lo delirante, el apartado deseo de pura belleza, hasta una filosófica y convencional declaración de la moralidad del arte, reconociendo en ella una parte, no del todo el espíritu humano. Se trata de las habituales e inevitables idas y venidas de un polo al otro de la antinomia y que se repiten en todos los poetas y, que, además, se alternan en las épocas literarias bajo el aspecto de movimientos estéticos. No obstante, gracias a Edgar Allan Poe, la enfermedad inoculada en el medio del que se sirve la poesía está ya en estado avanzado y, con Baudelaire, se avía para transformar completamente el medio en fin. «... Hemos llegado a que, a fuerza de escrutar en sí la conciencia del arte, hemos acabado por meter la mano en algo grave, algo que se está acurrucado en el fondo y que el arte no consigue contener en sí más de lo que el mundo no puede contener a Dios» (J. Maritain).[16] De esta reflexión se puede constatar cuán lejos estamos de la concepción de la poesía como ausencia (recuérdense algunas páginas de Carlo Bo), concepción que se presenta a primera vista como la extrema y coherente consecuencia de la poesía pura. Para nosotros, la poesía de Mallarmé no está en la página blanca, en el blanco eterno de la página, en el cielo intacto..., sino en su palabra. Y la poesía es en verdad «nuestro más verdadero presente»,[17] sí, pero en cuanto somos terrenales y aquella es

16 Posiblemente se refiera a J. Maritain, *Situation de la poésie,* Desclée de Brouwer, París, del que Cesare Pavese escribió en 1942 que era «como volver a discutir si las cabras tienen lana».

17 Expresión Carlo Bo que se puede leer en *Nuovi studi,* Vallecchi, Florencia, 1946, pp. 129-150. Se decía en los mentideros editoriales que Bo estaba

presente, tangible, *res extensa.* El esfuerzo de los poetas que vienen después de que la «poesía empieza a perder conciencia de sí misma en cuanto poesía» no se encamina hacia el silencio; va, al contrario, hacia una rendición extraordinariamente perspicua del valor sensible de la palabra. Véanse —testimonio ejemplar— las reelaboraciones de Ungaretti y, entre otras, las siguientes y nitidísimas frases de Eugenio Montale: «Obedecí a una necesidad de expresión musical. Quería que mi palabra fuera más adherente que la de otros poetas que había conocido».[18] Era natural, pues, que se mirara con una sonrisa al poeta inspirado, como se mira a quien poniéndose en manos de una ingenua irracionalidad cayese con más facilidad en los defectos de los que lo irracional parecería, por el contrario, protegerlo; es decir, el discurso lógico, el moralismo, etcétera.

Pero tenemos razones suficientes para pensar que los poetas puros, hasta Ungaretti, se benefician de la ayuda de la inspiración por cuanto el sentimiento de la poesía pura, de la página blanca que violar, es también un sentimiento y, como tal, es susceptible de distensiones y de tensiones. Como se ve, pues, juzgamos positivamente a aquellos poetas con un argumento usado habitualmente para demostrar su error, que consistiría —tras el rechazo de todos los sentimientos por ser «impuros»— en confiar la poesía a otro sentimiento, el

traduciendo por aquellos años un libro que Pasolini evita citar y en el que se resumen muchas de las teorías poéticas del Romanticismo. Se trata de A. Béguin, *El alma romántica y el sueño* [1937], M. Monteforte (tr.), FCE, México, 1978.

18 Son palabras de E. Montale referidas a su primer libro, *Ossi di sepia,* y pronunciadas en la famosa «entrevista imaginaria» de 1946: «*Ubbidii a un bisogno di espressione musicale. Volevo che la mia parola fosse più aderente di quella degli altri poeti. Più aderente a che? Mi pareva di vivere sotto a una campana di vetro, eppure sentivo di essere vicino a qualcosa di essenziale*».

teórico de la poesía pura, «impuro» también este, por tanto. Pero si no fuera así, Bo tendría razón y el silencio sería en verdad su poesía. Reconocemos, pues, en aquel sentimiento un aspecto de la inspiración, porque puede alcanzar un acmé, una especie de *furor poeticus* que consiente la escritura, una escritura particular cuyo irracional acaba tamizado por la razón. Tamiz que, no obstante, está fatalmente limitado: no es casualidad que Valéry escriba que el primer verso de un poema es un regalo del cielo. De la presencia de la inspiración (el «hombre del saco» de Ungaretti y, de palabra al menos, de todos los modernos), cuando por inspiración se entienda agudizar la esperanza de poderse aproximar a la pureza, deriva la posibilidad de antologar la obra de uno de estos poetas, selección que, otramente, no sería ni siquiera concebible. Incluso Ungaretti (como Pascoli, D'Annunzio, etcétera) enumera sus «momentos felices». Ahora bien, lo verdaderamente difícil es definir en qué consisten, a menos que no queramos limitarnos a ciertas justificaciones habituales; por ejemplo, que se trate del resultado de una larga experiencia. Menos pedestre sería centrarse en la «serenidad» que los colaboradores de la revista *La Ronda* han descubierto en Leopardi (y que Contini bautiza «alegría»), pero, como se ve, la cuestión no se resuelve con haber adoptado un nombre más exacto. Nos tienta, en un clima freudiano, recordar una teoría de Havelock Ellis que atribuiría a nuestra sensualidad un movimiento periódico de tensión y de distensión, y no nos faltaría tampoco el coraje, por supuesto, si fuésemos expertos en esta materia, para vincular a dicha periodicidad la eficiencia de la inspiración. Quien acostumbra a escribir versos, por lo demás, demuestra *a priori* una disponibilidad a la selección de palabras. (Es la poesía entendida como técnica, como materia, la poesía que Shelley juzga «en sentido estricto», lo que nos importa; para que en verdad las palabras «adherentes», casi en sentido físico, sucedan a las palabras puras). ¿La inspiración sería, pues, un estado, casi físico, de estar dispuesto a reconocer en las sílabas algo vigoroso, corpóreo, es decir, su virginidad, su equivalencia con lo real?

Nos parece bastante satisfactorio, si lo interpretamos en el ámbito concreto de la escritura. Si no es así, como Valéry a propósito de Mallarmé, abolido el concepto romántico de inspiración, deberemos hablar de una iluminación (¿anterior a la técnica?) que no sería más que una inspiración pagana, como los clásicos le pedían a las Musas. Así, el primer verso concedido por Dios sería sencillamente el salto de la primera versión del poema, la que nace de la presión que ejerce un sentimiento humano y no estético. En definitiva, no sabremos nunca cómo se creó *La siesta de un fauno* o *El cementerio marino* porque las primeras redacciones acabaron quemadas por la conciencia. Por el contrario, se nos aparece clara la historia de «Infinito» de Leopardi, y es una historia verdaderamente significativa. Primero, la ola de los sentimientos, la emoción, busca una forma falsamente filosófica e «Infinito» se titula «Sobre el infinito» («Oh, cuán jocunda cuanto querida me fue esta yerma orilla»), luego moralizante, y se llama «La naturaleza», y es verdaderamente la redacción sentimental, la versión-desahogo:[19]

19 Los estudiosos no acaban de decidir si estos esbozos atribuidos a Leopardi (fechados en 1819) en los que se basa Pasolini son originales o son falsos. Una explicación impecable, y por tanto decisiva para reconsiderar la teoría de Pasolini sobre las tres redacciones del poema, la dio el implacable filólogo y corrector de imprenta que fue S. Timpanaro, «Di alcune falsificazioni di scritti leopardiani», *Giornale storico della letteratura italiana,* 143 (1966), pp. 88-119, luego corregido y aumentado en *Aspetti e figure della cultura ottocentesca,* Nistri-Lischi, Pisa, 1980, pp. 295-348 y recordado en la revista *Oblio,* 6.21.

Siempre adorada mi solitaria orilla,
di por qué de mis ojos huyes la mirada
del encantador y mágico efecto
que Natura concede a las criaturas...

Por último, tras un breve apunte en prosa, muy puro, tenemos la última versión de «Infinito», que es sencillamente lírica, sin más pretensiones. Así, mientras en las primeras redacciones, que, en el sentido consumado de las palabras, son inspiración, tenemos versos filosóficos, moralizadores (o sea, racionales) en la versión definitiva, que revela una calma inmensa, casi una impasibilidad fatal, se desencadena todo lo irracional de la poesía: música, ritmo, inefabilidad. Es esta segunda inspiración, no sentimental, sino propiamente «poética», la que no ha dejado de ser válida y que espera aflorar a la conciencia de quienes acostumbran todavía a relegarla, en el peor sentido, entre los ídolos profanados *(sconsacrati)*.

IV. BENEDETTO CROCE Y LA POESÍA PURA[20]

Hace muchos años que Croce manifiesta desestima por la poesía pura. Estos días se lee en *Il Messaggero* (19 de noviembre de 1950) un artículo en el que lo confirma. Si nos acercamos al asunto *sub specie æternitatis,* lo que significa sin referirnos a los nombres y a los ejemplos más actuales y comprometedores, tal y como se acostumbra a hacer, no hay duda de que Croce acaba por tener razón. Por otro lado, los críticos que se han erigido en defensores de la poesía pura, en dura polémica con Croce, están hipotecados por el hecho de ser también «crocianos» o, en el caso contrario, de no tener a sus espaldas la poderosa obra del filósofo napolitano. Así pues, lucha desequilibrada. Con todo, en los serenos artículos de Croce se aprecia que este, cuando escribe del asunto, no está completamente sereno. Podría decirse que hay en él un sentimiento como de reserva hacia las aptitudes críticas si las emplea para estudiar el objeto incierto que es la poesía contemporánea: la sospecha de no estar a la altura, al menos en parte —como efectivamente sucede—, de

20 Publicado en *Il Popolo di Roma,* 7 de diciembre de 1950. Tomado de P. P. Pasolini, *Saggi* [2008:1, 357-360].

la capacidad de registro que tiene la nueva palabra poética. Hay en él casi una exasperación que le produce ver alejarse las novedades que, desde hace unas décadas (o sea, desde que alcanzó la madurez humana y filosófica), se han impuesto en los ambientes literarios mejor cualificados de Europa.

Creemos que en la crítica que hace Croce a la poesía contemporánea hay un defecto, un roto en algunos puntos del lúcido tejido de su lengua. Un roto debido más a involuntaria contrariedad y fastidio que a la falta del orden mental y expositivo que es su valor más importante. Croce, y parece increíble, cae en ingenuidades lingüísticas que él, pensamos, no dudaría en definir como pseudoconceptos. Un ejemplo:

> ¿Cómo escribir poesía si les falta la materia poética? La poesía pura acaba por significar en ellos «poesía pura de sí misma», ¿pura o privada de su naturaleza? La palabra que idolatramos no es palabra porque la virtud de la palabra está en la expresión del alma, pero es sonido que, al máximo, titila, mece o colma el oído.

Eso es: Croce no ha demostrado, con el rigor que le es característico, que sea verdad que la palabra de estos poetas carece de la virtud que le es propia, de la expresión del alma. Tomemos, pues, la locución, genérica a decir verdad, «expresión del alma» por lo que significa generalmente, o sea, «contenido» en oposición a «palabra» o pura forma.

Cuando el contenido, como en muchos poetas decadentes, es una simple estetización de la vida y de los sentimientos humanos, no hay duda de que Croce tiene razón: no se expresa el alma después de haberla depauperado con cinismo y ligereza, o bien se puede expresar mediatamente en lo poco que queda de ella. En tal caso, un mínimo de poesía siempre se podrá encontrar en la literatura de D'Annunzio, de Pascoli y en la decadente en general. Pero lo que de verdad no se puede entender es cómo Croce reúne en la misma gavilla una poesía así escrita y la poesía pura, nacida (pero embrionaria) en algunas expresiones kantianas (la poesía es un arabesco) y en la «Fantástica» de Novalis, que pasa por Poe, Baudelaire y llega hasta Mallarmé y Valéry, hasta los contemporáneos. (Pero, entre otras cosas, ¿se puede hablar de «poesía pura» en Rimbaud? Creemos que jamás la poesía ha estado tan contaminada de vida, en la más violenta e inmediata de sus acepciones, como en Rimbaud).

Sea como sea, se puede discutir sobre los programas de los simbolistas y de los poetas herméticos, se puede creer que están equivocados, que son contraproducentes e ilusorios. En esto se le puede dar la razón a Croce. Pero ¿en cuántos casos los poetas han escrito poesía, precisamente, a pesar de las teorías que abrazaban? ¿No es, casi, la regla general? Empezar con la intención de escribir poesía pura, sin «expresión del alma», o sea, sin más sentimiento que el de escribir poesía, podría hipotecar al poeta, pero podría también no hacerlo. Están por demostrar tanto una cosa como la otra. En el dominio de la sensibilidad pura, de la facultad de recepción, tenemos pruebas tanto a favor como en contra sobre el éxito del programa de pureza. Alguien, más de uno, ha reparado en que Rimbaud no «titila» ni «mece» el oído, sino que, viceversa, nos golpea con tal violencia poética al escribir el equivalente de la violencia que tiene su desesperación humana que nos deja temblorosos delante de la página. Ahora bien, sin entrar en casos particulares —como el de Rimbaud—, creemos que la imposibilidad de Croce para comprender la «titilación», como la llama, que las palabras de los herméticos le producen en los oídos se debe a la plenitud de su experiencia humana y filosófica, que no es la de los poetas franceses del siglo XIX, ni tampoco la de los poetas contemporáneos que derivan de aquellos. Nadie puede negar que existan, no obstante, sentimientos «nuevos» cuya comprensión exige una renovación de la sensibilidad, aunque sea una renovación mínima, y que para conseguirla no baste la experiencia de una vida y de una filosofía.

Cualquier mediocre, crecido en un momento preciso de la historia del gusto, es capaz de hacer coincidir su juicio estético con aquel gusto mejor de lo que lo haría un gran hombre que hubiera nacido en otro momento. El gran hombre sabe perfectamente que el «gusto» no es juicio, no abraza la universalidad de la poesía; pero comete, incluso, el error de creer que un hecho se cumple dos veces de la misma manera y que, en cambio, no sea fundamentalmente igual «sino» fundamentalmente diferente de los que lo precedieron en la historia. Es decir, el gran hombre es apriorístico, quiere evitar una aventura porque no se digna a deberle nada: la experiencia enseña muchas cosas, pero ¿de qué sirve si lo aprendido no vale nunca?

Ahora bien, no queremos —por volver al tema— defender de manera igual de apriorística la poesía «pura» frente a la poesía «real» (a propósito, ¿Croce no comete, aunque sea solo implícitamente, también el arbitrio de confrontar medio siglo de poesía con «toda» la poesía?). Lo que queremos es solo alumbrar un hecho que Croce parece desconocer, es decir, la capacidad de abrigar sentimientos «nuevos» de la que está dotada el alma humana. Nuevos, se entiende, en el sentido de aparecidos recientemente en la conciencia, pues todos los sentimientos, como los instintos (hermanos mayores de aquellos), han estado siempre entre nosotros. Uno de estos sentimientos aflorados recientemente y aceptados por la conciencia podría ser el de la belleza inmediata, el entusiasmo por aproximarse a una poesía encantadoramente pura, ¿por qué deberíamos negarle un valor en la escala de los sentimientos humanos? ¿Acaso no es también capaz de encender, de apasionar y, por tanto, de inspirar? En tal caso, se entiende, lo de los poetas puros ha sido una ilusión. Como compensación, nos han dado estupendos fragmentos de pura poesía, necesitados siempre de un sentimiento del alma humana.

V. SCIASCIA, CONTI, CAVANI[21]

«Como Chagall...» empieza la recopilación de Leonardo Sciascia (*La Sicilia, il suo cuore,* Bardi, Roma, 1952):[22]

> Como Chagall, quisiera capturar esta tierra
> dentro del inmóvil ojo de buey.
> No un lento carrusel de imágenes,
> una aureola de nostalgias: solo
> estas nubes cuajadas,
> los cuervos que, lentos, descienden;
> y los rastrojos quemados, los árboles escasos
> que se graban como filigranas...

La imagen que en estos versos empieza a dar Sicilia revela enseguida una naturaleza compuesta; por un lado, naturalista, gracias al ligero levitar de «sufrimiento» que evoca desde los paisajes populares, desolados, de Giovanni Verga (y, aparte,

21 Este artículo se escribió en 1952 y fue publicado por primera vez en P. P. Pasolini, *Saggi* [2008:1,426-431].

22 Véase L. Sciascia, *Sicilia, su corazón,* L. Cittadini y G. Caprara (tr.), El Toro Celeste, Málaga, 2021. La editorial agradece a El Toro Celeste la generosidad demostrada al permitirnos reproducir la versión de Cittadini y Caprara.

de los autores dialectales, como Alessio Di Giovanni) hasta las recientes secuencias de las películas de Pietro Germi, circunscritas al ambiente con todo lo que de doloroso permanece en lo arcaico de su realista poeticidad. Por el otro lado, literaria, con referencias a los ejemplos más cercanos (y quizá coterráneos de Sciascia: Salvatore Quasimodo, Elio Vittorini) a nuestro gusto, que de aquella «realista poeticidad» acentúa los detalles interiores, no expresables sino a través de un relieve lingüístico. Del mismo modo que las nubes de los versos citados escapan a una acepción de inmediato y determinante realismo a través del desequilibrio que conlleva el atributo «cuajadas» [*accagliate*], que tiene un origen absolutamente antidocumental, expresivo, en «los cuervos que descienden lentos» cumple tal función la áurea tenuidad de noble traducción «quasimodiana»; *idem* acerca de los «rastrojos quemados, los raros árboles», mientras la oración relativa «que se graban como filigranas» contiene una historia estilística moderna más compleja que va, digamos, desde Vincenzo Cardarelli hasta los aguafuertes de Giorgio Morandi, o incluso a lo elegíaco-expresionista de Luigi Bartolini. En sí queda la felicísima invención verbal que quita el aliento en el comienzo del libro: «Como Chagall…». Un libro que comienza así obliga a una atención especial. De hecho, los primeros argumentos y las primeras expresiones lingüísticas de doble posibilidad que hemos observado a primera vista se desarrollan, avanzado el libro, hasta la definición de una imagen poética de Sciascia, aunque con el hacer «híbrido» típico de muchos jóvenes menores de treinta años que no han olvidado la formación que recibieron antes de la guerra —el heroico tiempo del aprendizaje— a pesar de incluir en su rigor cultural diversas sugestiones, en cierta manera, antiliterarias de la posguerra. A propósito del deseo —asimilado del gusto postbélico— de utilizar una lengua «directa», no metafórica y hasta institucional, apta para expresar una visión «directa» y viril del mundo en su realidad práctica —y un modo de conocimiento empíricamente finalista típico de la literatura comprometida o neorrealista—, se puede leer *Los muertos* (por ejemplo) con:

> A su paso, las mujeres se precipitan
> para cerrar las ventanas del hogar,
> las tiendas se cierran… [y]
> al tendero que pesa y roba,
> al niño que juega y odia.

Pero, naturalmente, como debía necesariamente ser, tal representación ambiental no podía no resultar, por un lado, en cierta estilización sensual-expresionista («el negro carro | incrustado de oro fúnebre»), por el otro, en cierta estilización crepúsculo-sentimental («Así se van los muertos, en mi pueblo»). La cultura de Sciascia y cierta hosquedad meridional de su naturaleza han, sin embargo, resuelto por sí solas estas externas oposiciones lingüísticas y lo han llevado hacia una lengua literaria en el sentido en el que más podía aparecer cargada de sensualidad, de violencia expresiva. En este «fauvismo» suyo, elevado a una forma casi «clasicizante» de decadentismo —de pingües texturas lingüísticas—, aparecen influencias como las de Baudelaire y Mallarmé revisitados por Apollinare y la reciente tradición italiana del dominio lingüístico florentino que se expresa en las revistas *La Ronda* y *Solaria,* con Ungaretti como referencia central.

También de provincias, pero de una provincia estrechamente ligada a la nación, de entre las más profundas de la nación, nos llega *Un mite ottobre e altre poesie* (Il Raccoglitore,

Parma, 1952) de Gian Carlo Conti. Mejor que «de provincias» se puede decir de él, en el sentido más absoluto, «de la campiña italiana», en la tersa y algo lánguida acepción parmesana: pues la soledad de Conti es la de la poesía geórgica —o campesina en un modo por extenuación heroico— tal y como se la ha definido después de Pascoli. Si, por sugestión promovida por la anceschiana «Línea lombarda», quisiéramos organizar una «Línea emiliana», Conti encontraría enseguida su puesto, exactamente entre Bertolucci y Bassani. Retomaría —con entonación excelente— los motivos «novelescos» de estos dos poetas (la influencia de Bassani sería más la de *La passeggiata prima di cena* que la de *Un'altra libertà*);[23] reorganizaría, con extrema finura y reduciéndola a una escala mínima, los fragmentos que la memoria nos hace queridísimos del dulce-irónico Bertolucci: el pasar de las estaciones, los míticos atardeceres, las mañanas de domingo que se suceden (monotonía cósmica y tranquila) en la periferia de Parma, entre el verdín de la llanura y la sombra de las crestas de los Apeninos. El operar de Conti consiste en una poetización continua y casi apriorística de los datos de una vida-paisaje reconocida solo, idealmente, en los momentos en que se revela su poeticidad, casi destituida la existencia práctica o, mejor, casi como si todo hecho práctico resonase con la forma de mínimo (pero extremada y dulcemente emocionante) *specimen* de una épica que contiene un pueblo fuertemente «emiliano», una vida rural determinada por una civilización tradicionalmente aristocrática (la del ducado «stendhaliano») y al mismo tiempo muy moderna, postbélica, neorrealista.

23 G. Bassani, «El paseo antes de la cena», en *Intramuros. La novela de Ferrara,* J. A. Méndez Borra (tr.), Acantilado, Barcelona, 2014. A estos dos libros dedicó Pasolini un ensayo en 1953. Véase, más adelante, «VI. Bassani».

Tiene, en definitiva, un fondo épico-lírico, del que aflora en expresión solo la parte más frágilmente lírica y, por tanto, romántica. Romántica como puede ser la de los dialectales que presuponen que tienen tras ellos una vida popular casi inexpresable por la dilatación de su humilde heroísmo en el tiempo misterioso de la historia vivida sin conciencia, de generación en generación, fósil, y actual hasta la consternación. Recordamos por fuerza a Renzo Pezzani, y mejor que a Pezzani a cualquier otro escritor dialectal, como el jovencísimo friulano Nico Naldini a quien Conti, por ascendentes comunes, se acerca bastante. Si en Conti el medio expresivo es la lengua nacional —pero Conti es emiliano, y el italiano tiene en Emilia una tradición oral además de literaria—, su «regionalismo» es dialectal en el sentido más puro y no folclórico de la palabra, y pienso más en «Orillas del Duero» de Machado que en la Andalucía de Lorca, por ejemplo. El ocre y el gris de Machado se convierten en este brevísimo libro en el rosa y el azul celeste de las paredes rústicas, en el verde del campo, y estos tintes se repiten hasta la extenuación en un delicado delirio obsesionante, ligeramente encendidos por una tonalidad expresionista que hace de fondo en escenas que parecen, en su retenida y algo áfona poeticidad, avíos o comienzos narrativos de una novela «de memoria».

Tampoco la soledad de Guido Cavani (y su libro se titula *Solitudini,* Ferraguti, Módena, 1950, así, como recuerdo inmediato de las *Soledades* machadianas) es la que se vive en provincias, sino la de una campiña en la que amenaza con convertirse, si es introversión o exceso de sensibilidad, en un vicio. Hablo del vicio en el que la conciencia de ser, de existir como fenómeno sensual-psicológico, se vuelve continua inflamación de la mente, donde incuba un latente misticismo como maceración de sí mismo y consunción del mundo físico y campestre sobre el que se ejercita ya sea la contemplación (pura, es cierto), ya sea una impura, obsesiva, consuetud corpórea. Interno en este su mundo de campos y pueblos emilianos (con un desadorno Adriático, los plúmbeos crepusculares Apeninos), Cavani —un joven, quizá no jovencísimo, casi desconocido en realidad, pero evidentemente presente en las últimas experiencias literarias, muy parecidas a las de Conti por lo que hace a fuentes y ambiente, pero mucho menos asimiladas— debe sin duda dedicarse a la poesía por una especie de vieja costumbre de la adolescencia, por un abandonarse a la soledad física que dilata la dulzura y el disgusto de sentirse monótona y violentamente vivo en un mundo con vidas tan diferentes y fascinantes. Su «literatura» es la más elemental: Leopardi con el injerto no de Pascoli sino de un pascolinismo moderno y refinado, no falto de cierto rigor y estetismo simbólico del hermetismo no oscuro; añádase que, a menudo, sus endecasílabos «cantan» demasiado, por una plenitud y dulzura un poco mecánica en los acentos; queda claro que pensábamos en Machado. Puede ser que esta lectura sea sencillamente ideal, el resultado de una combinación estilística que da un resultado análogo al que produciría una lectura directa del gran poeta español. Por lo demás, la organización interna de estas *Solitudini* de Cavani es profundamente italiana, con todos los academicismos que un joven literato no sabe evitar —no solo por ingenuidad— cuando busca en el nivel de la lengua tradicional (Petrarca, Tasso, Leopardi), el propio nivel. Es evidente que Cavani no se adapta al papel de poeta menor, al que con tanta felicidad y naturalidad se ha adaptado Conti, aunque esté fascinado por el encanto de una poesía menor (regional, campestre, por lo que hace al contenido; expresada en la claridad y dulzura de los sintagmas, por lo que hace al estilo). Prácticamente, la vida y la psicología de Cavani son una vida y una psicología «por poesía» (algo parecido a lo de los primeros románticos), y a pesar de algunos errores y durezas y generalidades un poco escolares, y de falta de una asimilación auténtica de los textos «modernos» que se aprecian intensamente en su obra, es fácil advertir que la lengua de Cavani está cerca de las cosas, todo lo cerca que puede estar la lengua de un iliterato: solo que estas «cosas» están llenas de un sentido poético propio, inmersas como en una pesada y luminosa poeticidad. Así, en los versos de Cavani, las palabras que expresan hechos espirituales y las que expresan hechos físicos se combinan en una masa lingüística que da plasticidad a los primeros (los hace casi, mágicamente, espiritistas) y espiritualiza los segundos. Es cierto que la neurosis, el continuo y evidente sabor de muerte que en este huérfano (dato biográfico sacado, con conmoción, directamente de los textos) se agudiza en los momentos de más agudo y dulce bienestar «romántico», confiere unidad con su impuro y auténtico calor irracional a este ingenuo, y a veces un poco teatral (exhibicionista) diario de *«promenades solitaires»*.

VI. BASSANI[24]

Muy estrecha es la relación, aunque en cierto sentido se trata de una relación de contraste, entre el Giorgio Bassani lírico de *Un'altra libertà* y el narrador de *La passeggiata prima di cena:* la diversidad de la técnica se limita casi únicamente a las diferentes técnicas de los dos «géneros». Pero un secreto esplendor interior de la lengua —pobreza y castigo, sensualidad y claridad intelectiva— comparten el libro de poemas y el libro de relatos. Quedaría fuera de los límites de una simple reseña un examen estilístico atento y capilar; además, importa más ahora trazar el dibujo de la idéntica figura moral que es la causa de los dos idénticos, o casi, efectos lingüísticos. Pero no se le escapará a nadie, aunque sea solo gracias a una sencilla cita, la analogía esencial que hay entre el inicio del libro de versos:

> Hasta que, espejo de un puro
> aire, en el fondo de la llanura,
> apareces tú, ciudad extranjera,
> como un gran espectro rosa...

24 Publicado en *Paragone,* IV (44), en agosto de 1953. Tomado de P. P. Pasolini, *Saggi* [2008:I, 499-506].

(con una Roma tonal, de novela de la memoria, poetizada pero no tanto como para fabricar una simple figura estética) y el comienzo de *La passeggiata*..., que trae una Ferrara igualmente tonal, intelectualizada, pero a través de un proceso poético que parecería gratuito en sí mismo, acabado por la propia finura, candidez y, asimismo, sensual y literario dorado exterior. Son fenómenos debidos a una misma «complicación» psicológica, en parte querida (nunca más allá de lo lícito y del buen gusto), que, en un juego elegantísimo de conscientes abandonos (el final de *Lapide*) y repentinos finales y excesivas habilidades y casi tics literarios, representa —en el fondo— una forma de defensa, de pudor: se trata del sedimento, en cuanto límpida y pronta inteligencia, de una enmascarada inmadurez e impotencia, unidos a un poco diabólico comportamiento de la astucia, recuperador en lo racional de lo que en el ímpetu irracional a veces se encalla. Decimos esto porque lo que más interesa en Bassani es la lucidez con la que se pone a describir el mundo según una manera suya, interna, de juzgarlo: un modo absolutamente laico, racional, pero implantado en una inicial y nunca agotada fuerza emotiva, en los impulsos, en las reacciones afectivas —aunque no sean buenas, no siempre dostoyevskianamente dóciles— que son las que, al fin y al cabo, dan materia a la poesía, pero que por otro lado constituyen un híbrido «moral», si la moral no trascendente de Bassani (la «libertad» trascendente, religiosa, como resulta del libro de poemas, es en él un puro motivo de nostalgia) exige la máxima racionalización crítica del mundo. Híbrido moral y, por tanto, lingüístico. De aquí el «zumbar» a veces turbio de la «poeticidad», en el fondo de páginas construidas con un preciso plan intelectual, de aquí el ligero olor a especias que llena los tres relatos: especias literarias de las que Bassani debe saciarse ligeramente para vencer las inhibiciones lingüísticas que se ahogan en él (por elección de libertad laica, intelectual), los impulsos instintivos y puramente fantásticos. De aquí, en suma, los «paréntesis», con toda su insistencia un poco angosta en el exceso de refinamiento. En su columna en *Tempo,* a propósito de estos paréntesis, De Robertis ha dicho que se trata de una libertad recuperada, expresiva en el sentido de intuitiva y directamente poética, comparada con una cierta rigidez del texto no parentético. Pero es posible que esto —aunque cierto y exacto— sea no querer aceptar a Bassani allí donde es más verdadero, porque es más consciente, porque es más programático, porque está más en guerra consigo mismo y con sus capacidades. A propósito de esta actitud, más allá del híbrido ligero y —por lo demás— elegante del que sufre, deberemos volver al libro de poemas: interpretarlo —en una síntesis poco precisa— como el canto, un poco rígido, de un hijo excesivamente intelectualizado y experto que añora al Padre robusta y salubremente (como diría Gadda) conformado con la fe. Y, con ello, la rabia por la perdida posibilidad de una crisis que le haga recuperar aquella capacidad paterna de ser «víctima persuadida | de otra libertad» (la libertad trascendente). Pero, como decíamos en una reseña a aquel libro publicada en esta revista: «La posibilidad de un verdadero drama ya no existe; ahora, al final de una experiencia: la de la primera juventud, en la Italia que sabemos, en un mundo moral y religioso que sabemos...». El salto entre *Un'altra libertà* y *La passeggiata,* es decir, entre el Bassani lírico y el Bassani narrador, se da precisamente aquí: en la ya aceptada renuncia al drama, en la aceptada renuncia a la nostalgia de un violento y definitivo mundo interior; y en el limitarse a la pasión cognoscitiva, a la curiosidad por el mundo externo, por el ambiente, por la historia... En

La passeggiata nos encontramos eso, «la Italia que sabemos, en un mundo moral y religioso que sabemos...»; la fuga de este mundo real y, en concreto, italiano se limita a algunos paréntesis poéticos de gran cromatismo y calidad descriptiva. Ya no es, en verdad, una huida hacia la trascendencia, aunque limitada a un impotente añorar la trascendencia.

Ahora bien, ¿cómo debemos definir esta contemplación del mundo en el que vive Bassani desde el punto de vista de la total actualidad y de la pasión clarificadora e historicista? Algunos componentes de la operación de Bassani —más acá de una crítica real, que es, ante todo, análisis estilístico y «luego» todo lo demás— son fácilmente detectables. En principio, se trata de un continuo listado de datos, como diría Carlo Bo, de restitución de calidad literaria a un tono de poesía (y ya lo hemos apuntado a propósito de los paréntesis, a través de los cuales aquel listado es más abundante y abandonado) lo que forma parte de la formación literaria de Bassani, sobre el que reluce, directa o indirectamente, la marca de Proust (y De Robertis cita como fuente indígena de esa formación la reciente tradición de la prosa artística, de la que están a la cabeza los *Prologhi* de Vincenzo Cardarelli). Luego, una necesidad —primero inicial y luego siempre presente, tanto como para identificarse con el proceso técnico— de alimentar esta su prosa narrativa con declarados pretextos sentimentales, los cuales, de realísimos y aun violentos como son en principio, acaban poco a poco por suavizarse hasta alcanzar una cierta mollez literaria, sea este pretexto sentimental el amor electivo por la ciudad natal, sea el típico rencor hacia ella, sea un antifascismo que no perdona (y, digámoslo, con razón). Tercero, un regionalismo modernísimo (burgués, no popular; los pueblerinos intervienen como «tipos simpáticos» o dolorosas figuras femeninas) sobre el que se podrían hacer infinitas consideraciones y proponer las más divergentes ascendencias. Pero lo que parece súbitamente obvio es que se trata de un regionalismo «aristocrático», cercano a la vertiente estilística de Manzoni, no de Verga; y llega el momento de recordar nombres que hace tiempo que estamos a punto de nombrar, o sea, el de los prosistas anglosajones, de Hawthorne o Melville hasta Greene (en este punto el discurso acerca del regionalismo de Bassani se vuelve a conectar con su, no cierto, latente moralismo).

Ahora, todos estos aspectos de la operación narrativa de Bassani salen a la luz en la síntesis natural que resultaría de plantear a propósito un problema de tipo histórico-literario, de preguntarse cuál es la posición de Bassani en el capítulo de la reciente historia (en el apartado «narrativa») de nuestra literatura. Es evidente que, si se me acepta el juego de palabras, se trata de una posición compuesta, debida a la superposición de dos planos. Un plano, diremos, anterior a la guerra, con prosa de novela de la memoria en clave de prosa artística no sencillamente ensayista como Emilio Cecchi o sensual como Giovanni Comisso. (Bassani se formó en el periodo en el que se asentaba Romano Bilenchi con otros toscanos, como Cassola, de las «Edizioni di Rivoluzione», *alias* de la «Fiore»; en los años en los que, en suma, a través de las constantes estilísticas que produce el *allure* de la memoria, nacía una joven narrativa italiana. No se olvide, a modo de ejemplo, que es de por aquellos años la primera novela de Vasco Pratolini, *Via de' magazzini* [1941]). Un segundo plano, pasada la guerra, de verdadera ambición novelesca, incluso con un fondo documental e histórico y, en resumen, en cierto modo, realista por lo menos en el sentido de que ha conseguido el coraje para afrontar argumentos «actuales», de dar a los hechos evocados un sistema moral, no simplemente poético-nostálgico. Es evidente que, en este sentido, Bassani no ha hecho oídos sordos a la lección del neorrealismo, pero hay que ir con mucho cuidado a la hora de hablar de neorrealismo a propósito de Bassani. No solo porque él no aceptaría un posible determinismo por razones de buen gusto, de la aristocracia literaria, sino porque no ha habido un verdadero determinismo. Ha habido, diríamos, una coexistencia, y una influencia por parte del neorrealismo, aunque menor, sobre Bassani, al menos por lo que respecta a la adaptación al coraje estilístico necesario para afrontar ciertos argumentos, de lo contrario inactivos en su presunto prosaísmo. A propósito de esto es significativa la incertidumbre de Bassani (y aquí el crítico mete la nariz no solo en las variantes manuscritas, sino también en las pruebas de imprenta) a la hora de llamar a Ferrara sencillamente «Ferrara» o «F.», hablar de Ferrara sin el *cursus proustianus* de la memoria, pero con energía y pasión ambiental, con el deseo de ofrecer una Ferrara verdadera como fue «no solo» para Bassani niño y joven en estos últimos años; forma parte del plano posguerra; pero llamarla «F.» forma parte del plano preguerra, es un plegarse a formas lingüísticas anteriores, a una poética superada y que sigue activa para viciar (pero bastante a menudo de manera feliz) el trabajo de Bassani. Como se puede ver, es este un caso específico de periodo de transición, en el que no es fácil distinguir lo híbrido y la superposición de una síntesis efectiva de los diferentes y sucesivos valores, especialmente el ambiente como valor poético y el ambiente como valor realista, la psicología como ritmo narrativo y la psicología como documento de un tiempo y de una costumbre, etcétera. En esta solución (y a veces lo es) de los problemas y de los *engagements* postbélicos en términos de alta y equilibrada poeticidad, que no traicione jamás un inicial tenor «cándido» de la página (incluso allí donde se rompe con interjecciones y léxico «hablado» entre *humour* y colorido), es natural que coja consistencia y se aísle críticamente el problema de la «realidad» como resultado, al menos, de una reconquistada libertad de las cosas que se deben expresar.

Está claro que las historias de Bassani son historias reales, no solo como «hechos» sino también, diríamos, como posibilidad de ser tales, en su configuración moral, que tienen una indudable actualidad y una riqueza de implantación ambiental, «italianas» como puede ser lo italiano en nuestros días. Son, por lo general, historias —psicológicas, repetimos, en clave poética— de «inadaptabilidad», no derivadas de una debilidad psicológica (del «complejo de inferioridad», en definitiva, que en tal caso habría sido más fácil caer en la poetización de la que se hablaba), sino de una protesta hecha patológica por culpa de las circunstancias; por ejemplo, haber pertenecido a la raza judía durante el periodo fascista, que los personajes de Bassani, a pesar de su delicadeza sentimental y su sensibilidad, no son «tiestos de arcilla entre tiestos de hierro» como, por lo demás (por conveniente ósmosis), no lo es su creador, que —ya lo hemos apuntado— es duro a la hora de juzgar a sus conciudadanos y, si generalizamos, a sus contemporáneos y a la sociedad a la que debe adaptarse; o, si es tolerable, lo es con la «pasión» de los demás, no con sus «acciones». Típico héroe de esta inadaptabilidad no castrante es Geo Josz, pero es fácil ver (al leer el relato del que es protagonista) cómo su psicología caracterizada por un continuo «oponerse» al ambiente, por un despecho que llamaríamos cósmico, es inicialmente «realísima» pero poco a poco se convierte en puro «ritmo», alcanza un nivel narrativo, pasa a un orden poético. La realidad de Bassani no es una realidad naturalista; o sea, no es naturalista el conocimiento que tiene del mundo. Pero ¿de qué clase es el conocimiento que es posible tener en los años en los que Bassani escribe, para quien no pertenezca a las filas del catolicismo o del materialismo marxista, es decir, para la mayor parte de los escritores italianos? En el neorrealismo, por ejemplo, véase que no hay una forma de conocimiento que no sea «practicista», inmediata, con fines sociales o documentales, que no hay una idea de la realidad, sino sencillamente un gustarla. Por eso, en el fondo, conectar el neorrealismo con Verga sería un error, pues Verga vivió en un mundo en el que para conocerlo bastaba con una filosofía. Mucho más cerca de Verga que todos los realistas está, si acaso, Carlo Emilio Gadda por eso del (como diría Gianfranco Contini) «monólogo interior», con sus dolorosos fragmentos de «realidad» inmediatísima, y las estupendas elucubraciones de su maquinaria lingüística: composición de «verismo materialista» (investigación lingüística «científica», investigación psicológica «científica») y de poeticidad cuya violencia expresiva abate cualquier forma de estabilidad cognoscitiva. Gadda es de la generación anterior a la de Bassani pero, como se puede ver, el problema crítico general, generalísimo, no cambia mucho. Se podría deducir que la única solución para un escritor burgués que no es católico y no puede ser socialista (¿cuáles son los escritores que realmente, es decir, en sus efectos lingüísticos, son católicos o comunistas?) es un violento anticonformismo, cuya desesperación se resarce con la consolatoria capacidad expresiva, poética. O (todo junto) en un moralismo de tipo empírico. Es el caso de Bassani: con un temor implícito, sin embargo, a llegar a consecuencias y responsabilidades extremas, a perder la libertad de poder ser también «algo diferente» a lo que es, a comprometerse dando de sí una imagen definitiva y, en cierto sentido, carente del beneficio del misterio y de lo elusivo (y quien quiera entendernos mejor, que lea un ensayo de Bassani sobre Mario Soldati); con la ambición, en suma, de «juzgar» a los otros en el conjunto de su existir, manteniéndose a sí mismo en un existir continuamente indefinido. Cambiando, en definitiva (en defensa desesperada de una virginidad necesaria para hacer creíble su vida interior), la relación con el mundo, cambia la relación del mundo con él: la realidad se agrieta, se agita, y la unidad que encuentra es una unidad estilística (sobre todo en las bellísimas páginas de *La passeggiata,* el mejor de los tres cuentos ferrareses), solidificando en datos que, al final, son fértilmente irracionales, «poesía».

VII. *LA ISLA DE ARTURO.* ELSA MORANTE[25]

Un crítico que tres o cuatro años atrás hubiese intentado prever el desarrollo de la narrativa italiana hasta hoy y, parece absurdo, hubiera tenido a su alcance los medios más seguros para hacerlo, tanto historiográficos como estadísticos, no habría podido de ninguna manera programar la aparición de la nueva novela de Elsa Morante (más allá, naturalmente, de la historia interior de la escritora): *L'isola di Arturo* (Einaudi, 1957, y Premio Strega el mismo año).

El recibimiento de esta novela «extravagante» e imprevisible ha sido, por regla general, festivo pero apodíctico. La prensa oficial, como siempre: anodina, loadora y reductora; la prensa fascista, fétida; la prensa de izquierda, hay que decirlo, apresurada, esquemática, salvo dos o tres excepciones (Pampaloni, por ejemplo), solo «hombres con buen gusto» (incluso con grandes valores, como Cecchi o De Robertis) han sabido leer bien esta obra. *L'isola di Arturo* parece indudablemente, comparada con otras obras de los últimos años,

25 Publicado en *Vie Nuove,* 12 (50), 21 de diciembre de 1957. Tomado de P. P. Pasolini, *Saggi* [2008:1, 686-690]. Véase, en castellano, E. Morante, *La isla de Arturo,* E. Guasta (tr.), Lumen, Barcelona, 2021.

excéntrica, como salida de un fondo existencial con solo una inclinación psicológica, por lo que como primer instrumento para entenderla como fenómeno se necesita una sensibilidad «simpatizante» o, exactamente, si se prefiere, de buen gusto. Sin esta operación preliminar de carácter casi olfativo, creemos imposible conseguir un verdadero análisis crítico.

El problema es este: la obra de Morante, ¿es solo un fenómeno felizmente marginal y superviviente, que vaya a quedar aislado y sin significado histórico, sin conexión alguna? ¿O acaso la obra, de alguna manera, participa de la fenomenología más reciente, «modificando» esta fenomenología y perdiendo las características de extravagancia y pura exterioridad?

Tendemos a creer la segunda parte de la cuestión. Es verdad, hay quizá un límite técnico-lingüístico-psicológico que tendería a presentar la novela circunscrita a un área de absoluta gratuidad fantástica, carente de relación con la historia o la actualidad.

Técnicamente, la novela carece de proporción justa. Las primeras cien o ciento cincuenta páginas podrían reducirse casi a la mitad, pues la educación sentimental de Arturo se intuye tan felizmente, en esa mezcla de real y de poco creíble que es típico de la fantasía menor de Morante, que era inútil insistir en una «globalidad» prevista de inmediato. El *trop-plein* que resulta acentúa las características «decadentes» que, a nosotros, en cambio, nos parecen aplicables a Morante solo superficialmente (Rimbaud, traducido al tono sentimental de Morante, es otra cosa, se queda en simple paradigma de energía y de pureza).

Incluso lingüísticamente tiene algo de excesivo: una ligera redundancia, un cierto preciosismo léxico (que un crítico joven, Citati, definía erróneamente «montiano»), abundan las cláusulas exclamativas (sobre todo al final de periodo), abundan los sustantivos con mayúscula, por poner ejemplos mínimos pero evidentes. En este aspecto, pues, exterior —que impresiona a los superficiales— hay una cierta atmósfera de decadente exquisitez, pero si se va hasta el fondo del idioma literario de Morante se advertirá que prevalece una claridad humilde y transparente, una deliciosa diligencia de *pensum* académico; una sustancial ingenuidad contradice íntimamente, en Morante, cualquier exceso «decadentista» por el cándido respeto que tiene la escritora hacia las instituciones lingüísticas tradicionales más comunicativas.

El examen psicológico consecuente al análisis confirma aún más esta situación. Sentimentalmente frente al mundo, como objeto de representación, Morante es profundamente modesta, como maniatada por el complejo de inferioridad, práctico y cognoscitivo, que vence gracias al empuje de criatura humildemente amorosa.

Se sigue de ello una dilatación de la grandeza, de la importancia y de la bondad del mundo. La humildad de Morante se transforma, así, en una especie de orgullo: orgullo de llevar dentro una chispa de aquel mundo a través del amor que la une a él. Este orgullo se reviste, expresivamente, de cierta actitud faccionaria, de gratuidad, pero incluso esta nueva instancia decadentista a la que hemos llegado de esta manera no tiene más que un valor puramente marginal si se piensa en el verdadero origen que tiene, tan adorablemente ingenuo.

Esta relación de Morante con la realidad se refleja en sus personajes en este sentido: que, dada la apriorística grandeza, importancia y bondad del mundo, lo «negativo», el «mal» no pueden ser seriamente no digo representados, ni siquiera concebidos. Son accidentes, simples contingencias, cuando no (incluso) *flatus vocis.*

La única forma del mal que amenaza el maravilloso mundo hundido en la psicología de los personajes es una cierta ausencia del bien: el único pecado en el que Wilhelm, Arturo y Nunziata pueden caer es un tipo de incoherencia con el alma apasionada que tienen, un riesgo de caer en el egoísmo en el que no exaltar al máximo la energía o vitalidad benigna que hay en ellos. Véase —casi un paradigma del fenómeno— Tonino Stella, un raterillo romano a quien una morbosa y angustiada ternura une al padre de Arturo, caso clamoroso en el que Morante demuestra la incapacidad que tiene para representar el mal como bajeza, y lo justifica obstinadamente a través de la exuberancia y la belleza que tiene: descarado, egoísta pero, naturalmente y en el fondo, en su violencia, elegido.

Morante participa —al subordinarlas directamente al paradigma estético— de la salud, de la vitalidad y de las elecciones de sus personajes.

El decadentismo que pervive en la producción literaria italiana en la segunda mitad del siglo, en la línea de la prosa y del hermetismo (que, para el surrealismo, la anárquica violencia heterónoma llevaría a conclusiones diferentes), es sobre todo: 1) sentido del dominio del mundo, reaccionarismo cuando se trata de política; 2) certeza, en el límite de aquel dominio, del privilegio lingüístico (estetismo); 3) angustia, es decir, continua sensación del mal como interrupción de la corriente vital, ruina interior en la sociedad y en el yo (la conocida como «crisis»). Nada de esto hay —a pesar de cierto andamiaje exterior de carácter expresivo— en Morante. Y, hasta aquí, sumariamente, el examen de los elementos subjetivos de la novela: de ese poco de Arturo, o de Wilhelm, que no se diferencia mucho de Morante.

Si, en cambio, analizamos la novela en su calidad novelesca de objeto, es decir y sobre todo, la historia del amor de

Arturo y Nunziata (es Nunziata lo estupendo de *L'isola,* por lo que participa en su sustancia, desde la perrita Immacolatella, digamos, al bebé Carmine), nuestros argumentos resultarán más persuasivos. El *background* de Nunziata, y Nunziata toda, se injertan de manera curiosísima en la tradición del naturalismo meridional (como la manzoniana, pronto traicionada); es la mejor tradición de la literatura moderna. Morante se mueve estupendamente a su aire —en la continua «alusión» a aquella— durante páginas y más páginas. La representación que hace de Nunziata, con los retazos de vida familiar napolitana y los datos de su extraña vida presente en Procida, no decae ni por un instante, no tiene una grieta, un error; es milagrosamente rigurosa en la extrema dulzura y abandono que muestra.

Indicamos al lector, como ejemplares y casi paradigmáticas, las páginas de la noche en la que el chaval va a buscar a la comadrona: son algunas de las páginas más hermosas de la narrativa italiana del siglo XX. Pero, aparte esto, el lector encontrará concentradas dos de las características principales de la narrativa de Morante: la «alusión» a la gran novela idealmente tradicional que se configura «en fragmentos», y la asunción de la Italia real, en concreto la meridional —mostrada en toda la inmediatez de lo concreto-sensible, según la más reciente poética—, a una luz de fantasía pura, que lustra los pequeños datos cotidianos y vivaces como si fuera «luz universal» de retablo profano.

Volvemos así al núcleo del argumento: la obra de Morante es excéntrica e irrepetible solo en la medida que es necesario en las obras de arte. En el aspecto histórico no solo se inserta con una serie de relaciones mecánicas, sino que lo modifica interiormente con su presencia, representando una nueva necesidad que los críticos, incluso los comprometidos ideológicamente, no pueden ignorar o rechazar de acuerdo con esquemas válidos hasta ayer. La presencia de *L'isola* basta para demostrar que se ha puesto en marcha una segunda fase del realismo de posguerra, evidentemente, más allá del estado de emergencia en el que nació. Se sigue de ello el volver a aceptar formas que solo aparentemente habían quedado obsoletas pero que, en realidad, dentro del neorrealismo, eran la herencia de una tradición reciente (sobre todo la irregularidad sintáctica y narrativa y la exquisitez), y la formación de nuevas clases de «evasión» ineluctable en todas las situaciones literarias normales. La obra de Morante marca el camino con la necesidad de la poesía.

VIII. CALVINO[26]

Recordamos con gran viveza una visita que hicimos a Emilio Cecchi hace algunos años. Era la primera vez que lo veíamos. Era exactamente igual a como salía en los retratos: un rostro más pintado que vivo, rojo por culpa de una emoción incesante, por culpa de una degustación ávida del mundo que le daba, precisamente y a la vez, la bonhomía y listeza del degustador. Recordamos cómo nos enseñó, deshecho todo él en una expresión de amor casi faccioso, una caja con piedrecitas recogidas por una nieta suya en una playa de Versilia. Eran, efectivamente, muy bonitas, pero Cecchi las rodeaba de una atención que implicaba en ellas algo más que un sencillo fenómeno geológico casualmente gracioso. Parecían predestinadas al goce humano. Poco después, empujado por la especial trepidación de los muy trabajadores, sacó de un cajón unas fotografías: eran tarjetas postales enviadas por su hijo Dario desde el Congo y representaban unas cabañas muy especiales: imaginad los *trulli* de Alberobello con una especie de aguja gótica, como una jeringuilla, encima. Cecchi estaba emocionadísimo, y el rojo de la cara se había hecho casi violeta: golpeaba con el

26 Escrito en 1957. Publicado P. P. Pasolini, *Saggi* [2008:1, 691-694].

dorso de la mano, casi distraídamente, las fotografías y murmuraba para sí, con complicidad: «Son cosas hermosas, ¿eh?».

Las cabañas de una tribu del Congo pertenecen, en realidad, a la prehistoria, o a una fase histórica tan retrasada que escapa a cualquier historicidad que podamos hacer. «Conocerlas» implica una de las más complicadas operaciones humanas. Este es el principal problema de la etnología. Ni por asomo hay algo lícito en un juicio de valor sobre una cabaña cuyos criterios no tienen absolutamente nada de estético y cuya funcionalidad se inserta en un mundo mágico del que hemos perdido completamente el recuerdo. En las culturas históricas inferiores queda algo de aquel mundo desaparecido, superado por el hombre y que, como dice Croce, queda en el hombre histórico en forma de momento ideal: la categoría de la intuición. Puede ser también esta una forma de conocimiento, una forma de crítica, se entiende, pero con un valor estrictamente particular. Y la irracionalidad se justifica cuando se muestra *tout court* exquisitez, como sucedió en el periodo literario de entreguerras.

Ante un canto popular o un cuento popular, Cecchi se comporta exactamente como ante una piedrecilla de colores o una cabaña del Congo. Los ve como predestinados al goce del hombre no solo en cuanto historiador, esto es, hombre verdadero, sino también en cuanto llegado al límite de la conciencia histórica. Y esto en el ámbito del Cecchi estilista se inserta perfectamente; mucho menos si se considera la cosa objetivamente, con plana pedantería filológica o ideológica.

El error de Cecchi al presentar las *Fiabe italiane* recogidas por Calvino para Einaudi consiste en la operación que hemos apuntado.[27] Pero dicho error, quede claro, no se refiere tanto a

27 Véase I. Calvino, *Cuentos populares italianos,* C. Gardini (tr.), Siruela, Madrid, 2014.

Calvino —pues el análisis lingüístico que hace Cecchi de los cuentos traducidos es el único posible: operación sustancialmente justa, aunque en realidad errada—, sino que se aprecia en la referencia al texto popular de los cuentos.

La importancia que tiene el enorme volumen einaudiano preparado por Calvino es ontológica. Visto desde fuera, el trabajo de Calvino presenta una utilidad práctica, que aquí se hace irrelevante, en cuanto «función Grimm *a posteriori*», la cosa no tiene una importancia problemática, pues (en realidad) el Grimm italiano fue, en el momento adecuado y solo con un leve retraso, Niccolò Tommaseo, traductor de los cantos ilíricos y griegos [1841]. Si no se ha hecho lo mismo con los cuentos populares —que debían traducirse de los dialectos italianos—, pues bien, se trata de una laguna que, debemos confesar, escasamente creemos que sea necesario colmar. Lo importante es que se hayan recogido los cuentos, y se han reunidos millares, en los diferentes dialectos, durante el periodo «científico» del folclore, apoyados en el archivo de Giuseppe Pitrè o en la biblioteca de Compareti o de D'Ancona. Aconsejaban estos el mayor escrúpulo filológico posible y sus seguidores, afortunadamente, les han hecho caso a menudo. Gracias a aquellas dos décadas de desesperadas búsquedas y recopilaciones, tenemos un buen corpus de cuentos populares. Es cierto que la búsqueda y la recopilación deberían ser «ininterrumpidas», porque la historia oral de un texto no tiene solución de continuidad, y cada nueva «abrasión», interpolación o contaminación, por pequeña que sea, crea en realidad un texto nuevo. Así, el corpus que tenemos es el de los cuentos italianos como los contaba el pueblo italiano en las últimas décadas del siglo XIX.

De este campo ha cosechado Calvino, sin pretensiones científicas, pues el cientifismo habría descartado la posibilidad de traducción, sobre todo, para ofrecer los textos en su integridad dialectal como material de otra cultura, física y espléndidamente diferente del campo cultivado con el italiano literario.

La obra de Calvino debe juzgarse, por tanto, desde dentro, desde su propio sistema, que gira alrededor de la operación, en este caso extravagante y gratuita, de traducir como un *pasticheur*, no como un historiador.

Es absurdo, pues, hacer una comparación objetiva, como la que hace el Cecchi filólogo, entre el texto por traducir y el texto traducido, como si este tuviese un valor en cierto modo absoluto, existiese fuera de la pasión estilística del traductor. El ilustrado, racionalista Calvino paga aquí la deuda que tiene con su siglo a costa de cuanto de exquisito e irracional domina las operaciones literarias. Se afilia a la «resistente virtud vital que es el estilo», como dice D'Annunzio citado por Contini. Y no hay que dejarse engañar si, aquí, los fenómenos de un predominante interés estilístico acaban minimizados o suavizados: el estrecharse los límites y el reducir los tonos no comprometen la sustancia de la operación [...].

IX. GADDA, *IL PASTICCIACCIO*[28]

Para ningún otro libro de Gadda (*Quer pasticciaccio brutto de via Merulana,* Garzanti, 1957)[29] más que este parece tan lícito un análisis inspirado en el método estilístico propuesto por Leo Spitzer.[30] Es más, parecería prestarse el libro a un festival orgiástico pensado para un crítico estilístico, para que se lance a él como los ratones al queso. Spitzer llama «clic» —con palabra onomatopéyico-vivaz— al momento en que la literatura, en presencia de un detalle estilístico, por mínimo que sea, provoca algo en el lector y hace que el detalle asuma intuitivamente un valor paradigmático, resumen de toda la obra. De este modo, el análisis del detalle lleva a la comprensión general de la obra, del autor o, incluso, a conocer la cultura del autor y, luego, de su tiempo (filología).

28 Se trata de un ensayo de 1958 incluido en *Passione e ideologia* y publicado luego en P. P. Pasolini, *Saggi* [2008:1,1054-1061].

29 Véase en castellano *El zafarrancho aquel de via Merulana,* C. Gumpert (tr.), Sexto Piso, Madrid, 2019.

30 El nunca suficientemente ponderado Francisco Rico mandó editar *Estilo y estructura en la literatura española* de Leo Spitzer en la editorial Crítica de Barcelona en 1980, con prólogo de Fernando Lázaro Carreter. En Italia corría desde 1954 *Critica stilistica e storia del linguaggio,* Alfredo Schiaffini (ed.), libro editado por Laterza en Bari.

Sin embargo, al leer *Il pasticciaccio,* el lector se encuentra con una ráfaga de clics tras otra y, en una misma página, en planos diferentes, una balacera de clics que, enfrentados unos a los otros, corren el riesgo de quedar en gatillazo.

Tomemos por ejemplo la serie de clics que explotan en el plano dialectal, que es el más llamativo. Encontraremos:

1) Una serie de tipos de usos dialectales semejantes a los de Giovanni Verga; es decir, implican una regresión del autor en el ambiente descrito hasta asumir el espíritu lingüístico más íntimo (siciliano en *I Malavoglia* de Verga, romanesco aquí) mimetizándolo incesantemente, hasta hacer de esta segunda naturaleza lingüística una naturaleza primaria, con la consiguiente contaminación. (Pero digámoslo de inmediato: dicha operación, en Verga, era una función objetiva; ¿funciona aquí de la misma manera?).

2) Una serie de tipos de usos dialectales semejantes a los de Gioachino Belli; es decir, implican la regresión del autor a un personaje, hablante natural y, por eso, completamente dialectal, con una contaminación de su naturaleza vernáculo-particularista, diastrática, con la del autor, convencionalmente florentina. Algunos fragmentos podrían traducirse perfectamente en una serie de sonetos al estilo de Belli, pero el noventa por ciento de la novela se quedaría fuera.

3) Una serie de tipos de uso dialectal que implica la operación conocida como «estilo libre indirecto», como si el narrador no fuese él, el culto Gadda, sino un personaje rudo, monologante, a través del registro gaddiano. En tal caso, ¿quién sería el narrador? ¿Ingravallo? Imposible, pues a este se contraponen las paralelas tiradas de lengua cultísima, técnica, lírica, ¡por no hablar de las intercalaciones en milanés!

4) Una serie de tipos de uso dialectal puramente literario, ornamental, de un gusto entre barroquizante y macarrónico.

En este caso, las apariciones dialectales son puro instinto, apunte veloz, broma con valor lírico, que se inserta así en otra serie estilística y conserva, de la serie dialectal, una función menor que podríamos definir como «imitar al parlante» casi por inercia, enfado o rabia.

Como se ve, los cuatro modos de servirse del dialecto se contradicen entre ellos, y un «estilema» sacado de solo uno de ellos no podría representar, en síntesis, por fulguración, toda la obra.

Sucede lo mismo (y aquí debemos, por fuerza mayor, concentrarnos, concediendo al lector el beneficio de inventario) si en lugar de seguir la línea dialectal nos centramos en la sintáctica, también muy aparente. Sería, en verdad, muy difícil establecer si la sintaxis de Gadda es hipotáctica (es decir, compleja, redonda) o paratáctica (es decir, sencilla, breve), pues nos encontramos con las dos clases. A menudo, a una parrafada enorme (¡jamás simétrica!) le sigue un apunte brevísimo, como a una serie de cañonazos un simple disparo de pistola. Sería necesario, por eso, inventar una nueva expresión para hablar de Gadda, una que definiera su monstruosa máquina sintáctica: llamémosla pues «hipertáctica» (como hemos propuesto en otro lugar). Pero, el clic, ¿en qué punto hace clic en este coacervo —rigurosísimo— de antagonismos?

Será necesario, pues, resignarse y abandonar el análisis estilístico en su momento más típico y válido; es decir, el análisis del detalle, y ver si la atracción cognoscitiva se produce ante un fragmento grande de la obra, es decir, ante un grupo de páginas, y no ante un estilema o un sintagma. Esto exige una cierta abstracción, una cierta genericidad, sobre todo en una nota como esta. Pero piense el lector, por ejemplo, en la página de la novela en que el cura habla de las ahijadas de la asesinada, o en la página en que los dos agentes del orden van a lo de Zamira, y tendrá una idea clara de cuál es la «forma de contar» de Gadda.

Para aclarar dicha idea podremos, *motu proprio,* colocarnos delante un modelo ideal, un paradigma de la «forma de contar en absoluto», y tomar como ejemplo el episodio manzoniano, perfecto para lo que pretendemos, de la fuga de Renzo hasta el río Adda.

El lector recordará cómo, en este episodio, el tiempo narrativo y la elección lógica —realista, pero no naturalista, de los acontecimientos y de los detalles— coinciden siempre perfectamente. Naturalmente, donde esta coincidencia tiene lugar es en la sintaxis y, por excelencia, en la serie de predicados verbales, que es una serie de «pretéritos perfectos históricos» y de «perfectos lógicos» (Renzo se encaminó…, vio…, etcétera) en los que la voz del narrador se despliega abiertamente, segura de representar lo real con su constitución gramatical y, de hecho, con su ideología democrático-burguesa y con su piedad cristiana.

La representación del sucederse de los acontecimientos, o sea, el ritmo narrativo de Gadda, no se sostiene «nunca» en un conjunto semejante de pilares de «perfectos históricos» y de «perfectos lógicos».

El acontecimiento se describe en su suceder: 1) o en una especie de presente histórico ideal, que se parece un poco a la maniática reconstrucción proustiana, el concentrarse obsesivamente en el detalle, elaborado en mil superficies, continuado en miles de ramales secundarios, capilares; por definición, pues, interrumpido, tenido en observación, narcotizado, seccionado (véase el interrogatorio de Ines); 2) o en una especie de síntesis enunciativa *à rebours* —al final de un complicado *excursus,* quizá ajeno al acontecimiento narrado— que lo liquide rápidamente y lo quite de en medio y permita al autor pasar a otro *excursus,* a otra fuga; 3) o, por último, en la que es la operación narrativa gaddiana más típica, la basada en el «tiempo plus-quam-perfecto». O sea, casi siempre, para escapar de las exigencias de los tiempos lógicos e históricos, Gadda finge ofrecer su informe en un momento (que podríamos llamar «presente relativo») en que se han producido las consecuencias de la acción y no hay nada que hacer y, desde este punto de vista a su manera tranquilizante, el autor repasa de un vistazo los acontecimientos particulares que han contribuido al resultado final, como si fueran miembros separados de una unidad perdida porque está inserta en el tiempo, y en el tiempo aflora. Estos «esbozos» narrativos introducidos por un pluscuamperfecto tienden a nivelar las circunstancias marginales y las circunstancias esenciales y ponen todo en el mismo plano, en el que lo que importa es su evidencia o violencia física en el aflorar en el tiempo (véase el episodio de los hermanos Branca en casa de Zamira y luego en la cabina).

La primera conclusión que se saca del examen de *Il pasticciaccio* es que de inmediata y primaria importancia son la lengua, la técnica, el estilo; dicho de otro modo, lo que sobre todo y más que nada importa en *Il pasticciaccio* es la figura del narrador.

Esta figura —por excelencia contempladora y objetivadora— es aquí, en cambio, altamente dramática. Es cierto, él no pronuncia nunca la palabra «yo», como si fuera la supervivencia de una regla naturalista y de buen comportamiento social. Este «yo», no pronunciado y narrador, no es nunca el protagonista de una historia de complacencia apriorísticamente lírica, un «alma cándida». Por el contrario, es protagonista de una historia de dolor, de furor, de desconfianza en sí mismo.

El dramatismo de un narrador así —concomitante, pero al fin y al cabo prevalente sobre el de los personajes, tal y como se configura en el análisis estilístico que hemos apuntado— consiste en el encontronazo violentísimo entre una realidad objetiva (no se puede imaginar nada más objetivo que una novela de ambiente policiaco como es esta en el fondo) y una realidad subjetiva (el narrador) incompatibles ideológica y estilísticamente.

El choque entre el yo y el mundo se da, concretamente, en mil detalles concretos: del examen estilístico de la parte dialectal resulta que Italia, Roma en concreto, se le presenta a Gadda como una Torre de Babel, un cúmulo de tres estratos lingüísticos que representan tres culturas a diversos niveles: el lenguaje literario (cultura europea de la poesía vanguardista), la koiné (cultura de la pequeña burguesía antes fascista y ahora democristiana) y el dialecto (cultura de la clase trabajadora, que aquí son meridionales y, por tanto, del lumpemproletariado).

Aparte estos choques, digamos, particulares, hay un encontronazo total, absoluto, que resulta, como hemos visto, de la incapacidad técnica de Gadda para hacer (si no es por «alusiones») un relato directo, lógico e histórico.

Luego en Gadda subsiste la certeza de una realidad objetiva que puede ser mimetizada y representada (según la fórmula, para entendernos, de Verga), pero es una certeza superviviente de la cultura positivista y laica en cuyo punto extremo Gadda (que es ingeniero) se ha formado. A esta certeza se le sobrepone una incerteza efectiva, el sentido lírico de la vanidad y de la nada, de tipo religioso y estoico que pertenece a la cultura en la que Gadda, por coacción y por reacción, ha vivido y trabajado.

O, dicho con otras palabras: en Gadda existe una aceptación de la realidad social italiana tal y como ha sido codificada e instituida por la burguesía tras el *Risorgimento,* aceptación que es, además, reaccionaria porque parece no profundizar en algunos datos sentimentales como el patriotismo, el respeto al orden, la lealtad monárquica, etcétera; pero con esta aceptación coexiste, para contradecirla y desmontarla, la conciencia —diríamos casi nerviosa— de la efectiva negatividad de las estructuras de aquella realidad social.

Gadda se nos presenta en *Il pasticciaccio* como demasiado excitado y sucumbido entre dos errores: el aún vivo positivismo naturalista de un liberal prefascista de derechas, y el obligatorio lirismo deformante de un antifascista limado y roto por la desigual lucha contra el Estado.

Su angustia —que es angustia social— no tiene, pues, remedio, y su estilo será siempre un estilo trágicamente mixto, obsesionado, porque él, al aceptar las instituciones que cree buenas, está obligado a enfadarse sin descanso contra las que efectivamente no lo son.

Por lo demás, Gadda se ha formado en un tiempo, y pertenece a él, en el que no era posible ver todo este mundo —magma de desorden, corrupción, hipocresía, estupidez, injusticia— desde el punto de vista de la esperanza. Su función no es crítica: su realismo no puede ser prospectivo. Sucede que, a través de Gadda, una parte de nuestro mundo (el periodo de entreguerras) se expresa casi únicamente en estado puro —fascismo y antifascismo, reacción y democracia— en su contradicción objetiva, que se hace angustia y neurosis del sujeto testimonio. Por eso, si este libro se hubiera quedado por casualidad en el cajón del escritorio y hubiera aparecido de aquí a treinta o cuarenta años, tendría idéntica actualidad, precisamente porque en este momento el libro ya está un poco anticuado, pero aparece como un valor absoluto —producto de una mente extraordinaria y de un corazón grandísimo—, objeto no idealmente de crítica militante, sino de examen historiográfico o de veneración.

X. LA VOLUNTAD DE DANTE DE SER POETA[31]

El interés de estas notas es solo contemporáneo e italiano: son solo una contribución muy particular a la «fortuna» de Dante en Italia en estos últimos diez, quince años (en los estudios no académicos y no especializados).

1) Será necesario tener en cuenta que, con Dante, estamos ante no solo el descubrimiento de la lengua, sino también ante el descubrimiento «de las lenguas». En el momento en que en Dante apareció la voluntad de utilizar para la *Comedia* la lengua de la burguesía urbana florentina, nació también la voluntad de comprender los varios sublenguajes que la componen: jergas, lenguaje especializado, particularismo de «élite», citas y extranjerismos, etcétera. El ensanchamiento lingüístico de Dante, debido al desplazamiento del punto de vista hacia lo alto —el universalismo teológico medieval—, no es solo un ensanchamiento del horizonte léxico y expresivo, sino también social.

Siempre que aparece, o puede aparecer, en una obra el estilo indirecto libre, significa que en ella se tiene una vaga, posible,

31 Escrito en 1965. Publicado como «La volontà di Dante a essere poeta» en P. P. Pasolini, *Empirismo eretico,* Garzanti, Milán, 1972. Tomado de P. P. Pasolini, *Saggi* [2008:1,1376-1390].

«conciencia sociológica», si es inconcebible revivir una intervención ajena, lingüísticamente, sin haber objetivado, además de la psicología, la particular condición social, la que produce las diversidades lingüísticas. En Dante aparece, en potencia, el estilo indirecto libre; y no solo en potencia si se acepta el uso del indirecto libre en modo no estrictamente gramatical.

Antes que nada, el estilo directo de Dante, lo que aparece entre comillas, implica una solución léxica de indirecto rehecho. De hecho, los personajes no hablan nunca como Dante. No en sentido estrictamente naturalista, claro: la «mímesis» naturalista aparece siempre metaforizada en un poema en el que el tema central es la relación de una «primera persona» con el mundo trascendente. Sin embargo, si los personajes pertenecen a la misma clase social, a la misma élite intelectual o cultura especializada, a la misma época o generación que Dante, su lenguaje no se diferencia del que usa el autor, en cuanto institución lingüística. La diferencia es solo psicológica y tiene que ver más con el estilo que con el lenguaje: es un hecho expresivo.

Si, en cambio, los personajes pertenecen a otra clase social, a otro mundo cultural, a una época diferente a los de Dante, entonces sus «expresiones» tienen características incluso lingüísticas, y se llega al caso de que un poeta provenzal utiliza su lengua hasta llenar todo un endecasílabo,[32] y a los miles de casos en los que aparecen, entre las comillas del estilo directo, expresiones específicas de lenguajes especiales.

Basta con disolver el estilo directo en oraciones de relativo, con un «que», y luego quitar el «que», y ya tendremos

32 Véase Dante, *Comedia,* Paraíso, 26.141-147, ocho versos en los que Arnaut Daniel habla «libremente» en provenzal. Hay edición española, J. M. Micó (tr.), Acantilado, Barcelona, 2018.

«expresiones revividas», que tienen siempre en el fondo de sus «condiciones estilísticas» una conciencia sociológica sustancial.

Pero aún hay más. Por ejemplo, en el episodio de Paolo y Francesca, según la maravillosa reconstrucción filológica que ha hecho Gianfranco Contini,[33] está claro que Dante utiliza, en el relato, términos y expresiones «de moda» en textos que se corresponden más o menos a nuestra literatura de evasión: eran las lecturas del mundo elegante y aristocrático. Está claro que Dante, él, no utilizaba expresiones de esta clase: usarlas significa citar un mundo lingüístico diferente, el de sus personajes. Significa esto, por parte de Dante, una mímesis y una inmersión total en la psicología y en las costumbres sociales de sus personajes. Y de ello sigue una contaminación entre su lengua y la de estos. No se trata, claro está, de un verdadero estilo indirecto libre en sentido gramatical. Podemos hablar de un estilo libre indirecto simbólico o metafórico que puede acercarse a un nivel lingüístico que naturalmente rechazaba, a pesar de la enorme disponibilidad que ofrece (siempre estrictamente económica) para los experimentos de vivacidad excesiva, como es precisamente revivir miméticamente el modo de expresarse de los otros. Expresiones como *«squadrare le fiche»* o *«fare del cul trombeta»* o palabras como *«dindi»*[34] no son

33 G. Contini empezó muy joven a estudiar la obra de Dante Alighieri y en 1939 editó las *Rime* en Einaudi. La trayectoria dantesca de Contini se resumió en *Un'idea di Dante. Saggi danteschi,* Einaudi, Turín, 2001.

34 *«Squadrare le fiche»* era un gesto de desprecio que consistía en levantar el dedo medio con el puño cerrado contra alguien (en la España de 2025, «hacer la peineta»); la expresión, no textual, aparece repartida entre los versos 2-3 en Dante, Infierno, 25, y es blasfema porque se dirige a Dios. *«Fare del cul trombeta»,* Infierno, 21.139, lo traduce el profesor (y egregio guitarrista) José María Micó como «hizo de su culo una trompeta»; en algunos diccionarios redactados en el norte de Italia en el siglo xviii se tenía por «tirarse pedos». *«Dindi»* no es

las que utilizaba Dante, pertenecen a un círculo lingüístico periférico o de barrio de mala muerte; en cualquier caso, de gente sencilla y plebeya, quizá del hampa; en definitiva, aquello que, en Italia, Engels llamaba «*lazaronitum*». Incluso tales expresiones son, pues, miméticas, y las utiliza Dante para esbozar con dos trazos un posible estilo indirecto libre en el que revivir psicológica y socialmente la realidad de sus personajes de humilde extracción y sin cultura.

El hecho de haber elegido, pues, el «vulgar florentino» como entidad histórico-lingüística que contraponer, en bloque, al latín en cuanto lengua escrita y de la cultura, es menos importante (en el fondo) y aun menos interesante que las puntuales interferencias que Dante ha incrustado en la lengua romance. Combatía en dos frentes: en el teórico e ideológico universal de la oposición al latín, y en el teórico e ideológico particular de la oposición a una posible conformista institucionalización de la lengua romance.

Probablemente, el deseo de utilizar la lengua romance nació de la conciencia corporativista que Dante tenía en el ámbito de los órganos de gobierno de la ciudad de Florencia; y el deseo de utilizar los diferentes sublenguajes del romance le vino de los arquetipos de su participación directa y activa en las complicadas luchas político-sociales de su ciudad. Es decir, Dante no vivía sumergido en un mundo monolítico como había sido, durante toda la Edad Media, el universalismo teológico-clerical (entiéndase: el latín) que lo nivelaba todo. Pero la que se puede llamar ley de la homología de Goldmann hacía que el mundo proyectado en Dante, por su

palabra de germanía, sino onomatopeya infantil para decir «dinero» (*Enciclopedia dantesca,* 1970) pero que Dante, PURGATORIO, II.105, inserta en un contexto en el que puede entenderse como «sonajero», como si dijera «si mueres antes de saber pronunciar papá y dinero», según algunos comentaristas medievales.

especial mundo social, fuese un mundo analítico, dividido entre varias características sociopolíticas, y por tanto lingüísticas, contradictorias (situación que se repite aún hoy en la sociedad italiana).

El plurilingüismo dantesco, a partir del espléndido ensayo de Contini en el que lo describe, se ha convertido, según la interpretación (quizá rígida) de algunos escritores «comprometidos» italianos de los años cincuenta, en una «función» (prefiguradora y retroactiva) de la literatura italiana. Se explica, es verdad, con la interpretación continiana del desplazamiento tomístico y trascendente del «punto de vista» hacia lo alto, para que pueda ensanchar el horizonte léxico, en una comprensividad panorámica de sus casos límite; digamos, en la vertiente culta, por una especie de re-romanización estilística, *«pulchro»;* las «palabrotas» en la vertiente plebeya. Pero la explicación continiana —que en cierto modo insiste en la postura teológico-universalista de Dante— debe ser minuciosamente integrada con tener siempre presente el objeto concreto de aquel punto de vista: o sea, una sociedad que pedía impetuosamente, a quien vivía en ella, una «conciencia social» sin la cual el ensanchamiento plurilingüístico hubiera sido algo meramente numérico, o meramente expresivo, un maravilloso éxtasis lingüístico que, contemplando todas las palabras en su funcionalidad y en su belleza, se convirtiese en la metáfora de una contemplación de Dios, etcétera. En cambio, no. El punto de vista era doble, y contradictorio: al punto de vista desde lo alto le correspondía un punto de observación desde lo bajo, desde el nivel de la más contingente y menos trascendente cualidad terrena de las cosas.

Es extraño cómo, en la idea estética que tenemos de Dante (como se tiene, digamos, de una ciudad o de un paisaje en el recuerdo), un punto de vista no excluye el otro: no sé decir si mi Dante es ese que desde lo alto de un cielo tomista dirige a sus lectores una mirada inmensa y comprensiva del mundo, o es aquel que por las callejuelas de los pueblos y los barrancos del Apenino observa analíticamente el mundo caso por caso; si es el inventor de un «romance universal» o el inaugurador de un «romance como *langue* florentina, con todos sus sublenguajes históricos».[35]

2) Otra cosa que conviene tener presente es la siguiente interpretación continiana: la de los «dos registros». En Dante, para explicarme de la manera más sencilla, el relato se desarrolla en dos «registros»: uno rápido, casi inexpresivamente apresurado, casi brutalmente factual. Leed, por ejemplo, con el ritmo de lectura que utilizáis normalmente para una novela, el episodio de Pia dei Tolomei: no habéis empezado aún y ya lo habéis acabado, quizá ni siquiera os habéis dado cuenta de que lo estabais leyendo... Como si se tratase de un apunte de un libreto de ópera, que sugiere los sentimientos y los hechos más que describirlos, con exaltada aproximación. Luego, releed el mismo fragmento de Pia. Con la relectura (o con la recitación de memoria), el ritmo es el del «otro» registro: el ritmo lentísimo, atemporal, que se inscribe en un tiempo que no es ni el de la lectura ni el de los hechos, sino el metahistórico de la poesía, un «ralentí» de epígrafe sublime, un casto y casi susurrado do de pecho inacabable.

35 Una respuesta la dio Giannozzo Manetti a mediados del sigo XV en la *Vida de Dante*, 51-52, párrafos en donde aquel anuncia que el poeta empezó la *Comedia*, «poema más divino que humano», en latín *(«Ultima regna canam fluido contermina mundo»)* y lo continuó en romance o «lengua materna» *(«materno sermone»)* para dar cabida no solo a cosas de poetas y poesía, sino a «sublenguajes» aptos para hablar de asuntos de ética, ciencia y teología *(«sed moralia quoque et naturalia ac divina»)*, en G. Manetti, *Biographical writings*, Stefano U. Baldassarri (ed.), Massachusetts, Harvard University Press (The I Tatti Renaissance Library, 9), 2003, pp. 54-55.

La «doble naturaleza» del poema de Dante se muestra también en otros aspectos, además del referido a los dos puntos de vista (el teológico y el sociológico), y a los dos registros: el rápido o «del tiempo de las cosas», el lento o «fuera del tiempo de las cosas». Esta vez se trata de términos sencillamente técnicos.

1) El poema de Dante es una alegoría y, por eso, en cuanto tal, es una coexistencia de las dos naturalezas de la narración figurativa y de la narración simbólica.

2) Dante es el escritor del poema, pero también protagonista. En cuanto escritor representa un mundo metafísico con todas las implicaciones teológicas y culturales, pero el Dante protagonista visita y recuerda sencillamente un mundo de muertos.

3) La *Comedia* es un poema y, como tal, al menos a nuestros ojos, hoy, es una mezcla de novela y de poesía. La naturaleza de la novela puede estar físicamente representada por el «lenguaje de la prosa», mientras que la naturaleza poética lo está, obviamente, por el lenguaje poético. Ahora bien, estos dos lenguajes, presentes en toda manifestación lingüística civilizada, no son (por naturaleza) sincrónicas. Se diría que son inconciliables. Las «formas internas», que son las psicologías de los personajes, tal y como se nos presentan acabada la lectura son, en Dante, de tipo formalmente novelesco (es decir, racional) y no formalmente poético, es decir, intuitivo. Los grandes personajes de Dante tienen la «duración» de los grandes personajes concebidos en prosa, están tomados desde una (quizá sintética, pero estupendamente sintética) evolución lógica, a la que sigue en movimiento la penetración psicológica, la piedad de las criaturas y el juicio moral, o sea, en su conjunto, una mirada social, profundamente objetivadora. No son proyectados nunca con la inmediatez alucinadora

de la poesía, que fija las figuras en un momento absoluto, inalienable, pero también no analizable, estupendamente arbitrario e impresionista. Incluso las figuras menores —apuntadas siempre con suprema precisión poética— no escapan del racionalismo prosístico de Dante. También estas han sido sopesadas, como la topografía metafísica, la regularidad de los cantos y de los versos, etcétera. Se insertan, pues, en la programación escatológica connatural al poema. Pero incluso aquí tenemos un caso semejante al de los «puntos de vista» y de los «registros»: no existe una norma en el *rebus* dantesco que establezca, en los casos particulares, el más mínimo orden en el uso del lenguaje de la prosa y del lenguaje de la poesía. Volved a leer el episodio de Pia desde este punto de vista. La «forma interna» (sintética hasta el límite) de la psicología de Pia es perfectamente racional, por mucho que se trate de una biografía escrita en una lápida, pero la lengua de la poesía que *a fortiori* expresa en concreto todo esto, a través de una serie de aliteraciones anómalas, de antítesis difíciles de catalogar («des-hízome», «in-anillada», «des-esposando»), de acentuaciones extrañamente cantarinas y populares, como de melodrama («Acuérdate de mí; me llamo Pia», que es el endecasílabo de un canto monódico y monostrófico de Italia central), si no contradice aquella racionalidad, la abre, al menos, hacia indefinibles ambigüedades irracionales.[36]

La «doble naturaleza» del poema de Dante, pues, se presenta —pero podríamos continuar— con estas dicotomías: «punto de vista teológico» y «punto de observación sociológico»; «registro rápido» y «registro lento»; «realidad figurativa» y «realidad alegórica»; «Dante narrador» y «Dante personaje»; «lenguaje narrativo» y «lenguaje poético».

36 Dante, *Comedia,* Purgatorio, 5.133.

Si ponemos todas las tesis en un lado y todas las antítesis en el otro, se establecen dos series, dentro de las cuales se desarrolla la operación poética dantesca.

La primera serie, como se ve, es bastante coherente: el punto de vista de la síntesis teologal y trascendente implica una estricta funcionalidad antiestética o «a-estética»; es decir, por un lado el registro rápido, que vaya directo al objetivo prefijado, que sea exhaustivo en zonas reservadas con regularidad no transgredible a un determinado argumento, etcétera, y por el otro, el diseño racional de las psicologías y de las figuras del poema, nunca abandonadas a la fuerza del estro, a la inspiración inmediata. Todo ello dominado por la marca mágico-universalista de la alegoría, y referido con una cierta «oficialidad» y una gravedad a veces en exceso solemne por el Dante narrador.

Incluso la segunda serie, a fin de cuentas, se sostiene. Es el punto de observación «dentro» de la vida pública de Florencia, con sus grandes acontecimientos políticos, sus violentos conflictos humanos, y sus inenarrables detalles vitales, lo que puede producir la congestión irracional que es el material de las altísimas y misteriosas «fijaciones poéticas»; y, luego, el «registro lento», que coincide en Dante (como en Petrarca) con los momentos más típicos del «lenguaje poético». Y es esa experiencia inmediata y humana la que da a la alegoría la naturaleza de la realidad figurativa, vivida existencialmente por el Dante personaje.

Ahora bien, ¿tenía Dante la voluntad de ser poeta?, ¿poeta, digo, en cuanto poeta?, y ¿cómo era?, ¿dónde estaba esta voluntad?

Intentar responder esta pregunta significa tomar la relectura de Dante como si fuera un examen de conciencia, dado que, durante un breve periodo de una larga posguerra, la «fortuna» de Dante en Italia —para una «compañía reducida», armada con intereses no sancionados por los manuales— se ha reducido a una «función plurilingüista» como garantía de realismo por un lado y, por el otro, como garantía de inspiración ideológica, de escritura concebida fuera de toda inmediata voluntad poética (que había caracterizado el área marginal italiana de la literatura europea del siglo xx).

De momento, anticipemos inmediatamente una observación no crítica: hay una inconsciente voluntad poética en el poema de Dante, entendida como inconsciente voluntad de ofrecer poesía en cuanto poesía (ha sido Auerbach quien, en un áureo manualito de sinopsis de historias de literatura comparada en romance, ha llamado a François Villon el «primer poeta en cuanto tal»).[37] Dicha voluntad, añádase, es por naturaleza una voluntad anómala y misteriosa, bastante cercana —decimos nosotros, conocedores de Freud y mucho menos libres que nuestros antepasados— a variantes de la paranoia o de la esquizofrenia. La aterradora unidad del lenguaje de Dante creo que es un caso único en todas las literaturas conocidas. Y es una unidad inexplicable si se piensa en la doble naturaleza del poema, que he intentado resumir con términos antitéticos, pero que en realidad ha sido el problema fundamental de la historia de la crítica dantesca. Parecido a que la existencia en Cristo de una naturaleza divina y de una naturaleza humana sea el problema fundamental de la exégesis evangélica (y no encuentro para

37 Véase, por ejemplo, Erich Auerbach, *Mímesis. La representación de la realidad en la literatura occidental* [1942], I. Villanueva y E. Ímaz (tr.), Fondo de Cultura Económica, México, 1979³, p. 242, en la que se habla de Villon como poeta liberado de la «servidumbre hacia los pensamientos cristiano-universales [...] se ha hecho [poeta] independiente».

la *Comedia* arquetipo más adecuado, y tan poco connatural). El contraste entre las dos series de principios que rigen la operación lingüística dantesca «no permitiría la posibilidad de unidad lingüística alguna», a menos que una de las dos series se demostrase subrepticia y pretextual para dejar a la otra la sinceridad y la autenticidad. Pero esto no está demostrado, ni está en vías de demostración. La unidad poética de la *Comedia,* que, repito, tiene algo de terrible y quizá (en la fascinación sublime) de inagotable y de hostil, se presenta como un todo inconexo. Es —repito, presumo— una voluntad inconsciente, un sistema bio-lingüístico natural. Si seguimos por este camino nos adentramos en lo oscuro y en el «rechinar de dientes»; conviene abandonarlo.

Mejor, en el caso de que «sea», será preguntarse «dónde está» la voluntad de Dante de escribir poesía, en qué puntos ideales. Preguntarse si el principio al que se debe la síntesis —la unidad del lenguaje— entre dos series antitéticas tan extraordinarias resulta inalcanzable si se sigue una investigación extratextual.

Los «puntos» del texto en los que se revela la «voluntad directa de poesía» no son verificables ni todos en una parte ni todos en la otra de las dos series antitéticas; ni, mucho menos aún, en una línea trazada con carácter unificador (que no sea ontológico). Aparece entonces, bastante válida (supongo), una hipótesis de trabajo: una hipótesis que prevé una búsqueda de aquellos «puntos» a lo largo de la sutura en la que las dos series opuestas se reúnen o entrechocan y donde la expresividad encuentra, pues, sus momentos más agudos o más inestables.

¡Mágica hipótesis! Su aplicación, aunque sea esquemática y apresurada, en la sección del laboratorio dedicada a las observaciones específicamente lingüísticas me parece que ha invalidado por completo una parte de la interpretación dantesca de la cultura militante de estos últimos años.

De hecho, la relación sociolingüística entre las diferentes lenguas que componen el habla del romance florentino en cuanto lengua real de una sociedad articulada debería ser, a lo largo de la sutura que une dos lenguas muy diferentes socialmente entre sí, profundamente dramática, digo dramática expresivamente. Supongamos, pues, *per absurdum,* que en un punto del poema se encuentren cercanas la (habitual) palabra culta —es más, obsoleta por exceso de cultura, *«pulchro»*— y la (habitual) palabra afectivo-familiar-plebeya —*«dindi»*—. El acercamiento morfológico sería una explosión de expresividad: ¡el pulcro *dindi*! Pero un acercamiento de este tipo, en la *Comedia,* ¡no se da nunca! Es apenas una mera posibilidad.

Es verdad, pues, que se da en Dante la coexistencia de las dos diferentes, y opuestas, series socio-léxicas, pero cada una de ellas está siempre donde tiene que estar, dentro de los límites de un determinado caso; es decir, dentro de los límites de una ideal «condición estilística» para revivir emblemáticamente el lenguaje particular de un personaje particular (o de un ambiente). Solo cuando se «repiensa» en la *Comedia* se puede reparar en la «co-presencia» de dos series léxicas tan diferentes. Y el acercamiento se produce solo en nuestra cabeza.

El acercamiento sería comprobable también en el texto si Dante liberara a los dos mundos léxicos de la función socialmente evocadora que tienen (el potencial estilo indirecto libre) y los utilizase arbitrariamente, los hiciera suyos. Entonces ocurriría una fricción expresiva alejada de toda funcionalidad, gratuita, y explotaría luego desnuda y cruda la «voluntad de crear expresividad», como en buena parte de la literatura contemporánea europea. Pero acercamientos de este tipo, repito, no aparecen: el plurilingüismo dantesco está perfectamente ordenado y cada uno de los lenguajes, funcionalmente organizados, está donde tiene que estar, separado del otro.

Si no queremos renunciar por completo a la idea de la expresividad plurilingüista dantesca, tan querida por las costumbres que tenemos hoy día, podemos encontrarla en la pura y simple presencia de palabras fuertemente diferenciadas, escandalosa respecto al romance ilustre: nada más; es decir, nada de enfrentamiento expresionista entre ellas.

Quizá más fructífera se revela nuestra hipótesis de trabajo si buscamos los puntos de fricción, de escándalo, de inestabilidad expresiva (donde se descubre la voluntad directa de poesía) a lo largo de la línea en la que se produce el salto cualitativo de los dos «registros».

Será necesario recordar una vez más que es el punto de vista teológico, en cuanto funcional, el que da al poema ritmos veloces, la escatología impía y relacionada con el contenido. Por su parte, es el punto de vista terreno, con sus intereses humanos inmediatos, la lucha política, literaria, lingüística, religiosa incluso, lo que detiene la mirada, llena de una infinita posibilidad cognoscitiva, sobre las cosas mundanas, y las fija de ese modo irracional y no analizable racionalmente que marca los endecasílabos del «registro lento» (que son casi todos los endecasílabos del poema, pero «aislados») como fuera del poema, en la física fisicidad de la eternidad poética.

La voluntad de Dante de ser poeta podría, así, descubrirse en el acento siempre idéntico de todas estas «inscripciones para lápidas» en la que consiste una verdadera lectura de la *Comedia* (que es la lectura tradicional que hacemos de los mil pasajes guardados en la memoria). En este caso, empero, debemos admitir que, sea por su voluntad o sea por la idea que nosotros tenemos, se sitúan en un nivel de pura irracionalidad: porque aquellas «eternidades poéticas» (a través de las cuales la *Comedia* «se recompone» fuera de sí misma) son las mismas que se escapan del análisis en los sonetos más «elegidos y selectivos» de Petrarca; cuando se acentúa, en el sentido de la altura moral y cognoscitiva, la «elección» que en Petrarca es esencialmente sensual y literaria.

En suma: estamos frente a una doble serie de oposiciones.

A) En sentido lingüístico, la voluntad de ser poeta se daría en Dante en el momento expresivo, o sea, en los acmés de una expresividad debida a la presencia, heterónoma respecto a la poesía, de la teología. Pero todo esto lo contradice que la «voluntad de ser poeta» se puede rastrear aún mejor en los momentos supremos del «ralentí» metahistórico (o sea, en el momento más contradictorio posible respecto a la inspiración teológica, que es la que da el momento veloz, el de los contenidos).

B) En sentido político-teologal, la contradicción (análoga) es esta: la colocación del punto de vista en lo alto alarga el horizonte lingüístico y asegura expresividad y realismo a la lengua (momento, pues, laico y antiteologal). Pero, a la vez, la fisicidad absoluta de los versos «lentos» escapa, como hemos visto, al principio de racionalismo universalístico-teológico, precisamente porque es producto último de un punto de vista humano que, en sí, no era más que experiencia humana, *pragma:* no reducible a razón. Por esto, como decía, esos versos forman parte de la zona ontológica de la inefabilidad del irracionalismo.

El verdadero momento sacro de Dante no consistiría, pues, en su conciencia racional teológica, sino que se manifestaría en términos poéticos, volviéndose laico y, en cierto modo, literario: «"reexpresando" auténticamente la metahistoricidad religiosa mediante la historización de una "irracionalidad poética"».

Ahora bien, de dicha «irracionalidad poética» (de la que no conocemos el principio real) la característica más segura que podemos predicar es la obsesiva búsqueda de unidad en el tono del poema, que no lo da el uso de palabras más o menos centrífugas respecto al centro inspirador, sino que lo da la posición regular, y en cierto modo preconstituida, que las palabras adquieren en el discurso, prácticamente «por la discriminación de su uso». Y, prácticamente, toda posibilidad de contaminación lingüística acaba frustrada en el texto dantesco cuando la obsesión discriminatoria en el uso de las palabras potencialmente «contaminantes» es tal que las hace casi fósiles, y como tales asimiladas por el tono que Dante no traiciona nunca, pues no prefiere nunca una tonalidad más vivaz o más sublime, más cercana a las conversaciones de la tierra o a los silencios del cielo.

En el fondo, lo que ha convertido a Dante en «macro», durante tantos años, ha sido una terrible operación de selección llevada a cabo sobre un número de palabras y de modos lingüísticos que el autor había hecho prácticamente innumerables.

A propósito de otras operaciones análogas (la de Ariosto o la de Cervantes) conocemos, para nuestra esquemática satisfacción, el principio de tal «selectividad de un vocabulario inmensamente ensanchado»: está en el nacimiento de la burguesía y, por tanto, del *humour* como corrosión de las instituciones feudales primero y, después, como pantalla entre el sujeto y el objeto. La separación estaba, de este modo, asegurada y, por tanto, la eterna cadencia de un mismo tono en una materia eternamente variopinta.

Para Dante, si no conocemos el principio que rige su separación selectiva, podemos no obstante deducir, más allá de las diferentes técnicas, la medida o la norma interna que lo regula: «se trata de una equidistancia rigurosamente mantenida entre el autor y los infinitos aspectos particulares de su mundo».

«Macro» hasta lo inhumano por este desafío del que salió vencedor, Dante bien puede decir al final del poema que no sobrepasó jamás, ni siquiera un milímetro, esta su equidistancia de la materia, única ley férrea, despiadada, dominante sobre todas las leyes particulares que regulan su plurilingüismo.

Pero esta férrea ley de la equidistancia no solo hace que —en el interior de un proyecto general que no admite improvisaciones parciales debidas a alguna libertad del sentimiento— el comportamiento moral y sentimental de Dante «sea siempre el mismo» ante sus personajes y sus hechos, sino que también hace que Dante «esté siempre equidistante de sí mismo, o sea, de sus sentimientos»: por mucho que sean rabiosas disputas, piedades contenidas, participaciones ingenuas, severas y perdidamente dulces evocaciones de detalles de la existencia.

Dante consiguió todo esto incorporándose a sí mismo en su materia; es decir, haciéndose protagonista del poema.

Los sentimientos, con todo, no son nunca suyos, son del Dante personaje. La invectiva «¡Ah, Pisa...!», por ejemplo, no se pronuncia en primera persona, no la lanza el Dante autor, como parece, sino que se trata de un «estilo indirecto libre» del Dante personaje.

De aquí el absoluto rigor estilístico, el mantenerse absolutamente equidistante, con el resto del poema, del momento creativo y lingüístico del autor.

La reciente fortuna de Dante, basada en la inspiración heterónoma y racionalista, y en su visión realista de la sociedad —que produce el plurilingüismo—, se revela debida a un examen algo parcial. En realidad, los versos de Dante (excepto, probablemente, los raros e imposibles de amalgamar versos mitológicos, y los versos escritos según ciertas reglas extravagantes del *ars dictandi*) están, en el fondo, construidos con un material infinitamente puro, mucho más «elegidos» que los de Petrarca, cuya «elección» era —repetimos— literaria (es decir, debida a una vuelta al romance literario del *Dolce Stil Novo,* lingüísticamente equiparable a una sociedad feudal preurbana, o a una incipiente sociedad señoril); es más, tan elegidos que no permitían la comprensión si no era, en el fondo, infinitamente exquisita, que implica la suma de los más altos sentimientos de cada uno de nosotros.

La contraposición entre plurilingüismo dantesco y monolingüismo petrarquista era, al menos en la «pequeña compañía», errada, o parcialmente errada. Si acaso, habría que contraponer monolingüismo a monolingüismo: un monolingüismo electo y selectivo (Petrarca) con un monolingüismo tonal (Dante); un monolingüismo debido a la iteración infinita del comportamiento interior y de la relación con una realidad cristalizada (Petrarca) con un monolingüismo debido a una equidistancia perfectamente invariable del comportamiento interior y de la relación con la realidad, por muy variopinta que sea (Dante); un monolingüismo como soliloquio eternamente homogéneo (Petrarca) con un monolingüismo que homologa incesantemente las más diversas ficciones de diálogo (Dante). O sea, para algunos críticos de la escuela marxista italiana, que quería distinguir entre poesía y poesía, todo tendría que volver a comenzar desde el principio.

XI. WITOLD GOMBROWICZ, *DIARIO 1957-1961*[38]

El *Diario* de Witold Gombrowicz es un libro anómalo. Como diario, debería revelarnos la verdadera cualidad psicológica del autor, debería decirnos quién es, pero, en cuanto «diario manipulado» (pues así se nos presenta), tiende a establecer distancias entre el autor y el lector. Sin embargo, si Gombrowicz ha querido planificar lo que quería decir de sí mismo y lo que no quería decir, la operación no ha alcanzado el objetivo porque, en realidad, acabamos conociéndolo más allá de su voluntad planificadora.

En este diario no hay nada de lo que suele gustar en los diarios, ni siquiera la belleza involuntaria que Gombrowicz sabía reconocer y apreciar («... se mire como se mire, el diario es siempre un cocido con sabor a realidad. Y me gusta saber que, por ejemplo, el 13 de mayo de 1942, en el bosque de Vincennes, Bobkowski enseñaba a ir en bicicleta a su mujer»).

38 Firmado el 24 de diciembre de 1972 y publicado en P. P. Pasolini, *Descrizioni di descrizioni* [1979], Ch. Chiarcossi (ed.) y G. Dossena (pr.), Garzanti, Milán, 1996. Hay edición española como *Descripción de descripciones,* Península, Barcelona, 1997. Tomado de P. P. Pasolini, *Saggi*... [2008:II, 1712-1715]. El *Diario* de Gombrowicz lo publicó Feltrinelli, Milán, 1972; hay edición española como *Diario (1953-1969),* B. Zaborlicka (tr.), Seix Barral, Barcelona, 2005.

El de Gombrowicz, de hecho, no es de ningún modo un diario existencial, sino (como veremos en dos breves capítulos) un *zibaldone* de experiencias de intelectual, vividas, por vivir, completadas o apenas apuntadas, como conatos preciosos. Pero lo anómalo es que dichas experiencias, si fueron expresadas en forma de libro (en *Cosmos,* por ejemplo, o en *Transatlántico,* o en, sobre todo, *Ferdydurke*), pertenecen a la cultura. En el *Diario*, en cambio, ¡son simplemente subculturales! La figura del escritor que se destila es la de un hombre equivocado, no solo poco culto, sino también poco inteligente: una especie de desgraciado bufón sin corte que cree que es difícil comprender la verdad y, sobre todo, que es obligatorio decirla, que la inoportunidad puede ser programada, que ser desagradable es un componente del genio y que el sarcasmo es señal de superioridad.

De un hombre tan «indeseado» alcanzamos a saber pocas cosas esenciales: huyó de Polonia en 1939 y se trasladó a Argentina, donde rodó y rodó sin hogar fijo por Buenos Aires y otras ciudades, con mucho tiempo que perder y, así, dedicar a los demás. Su soledad no tuvo alternativa, y él la eligió a su pesar (en verdad no la ha amado, y así se quedó árido y banal). Apenas llegaba a una ciudad, lo primero que hacía era ir a ver al director del periódico local para pedirle que le presentara a los intelectuales del lugar. Y aquí lo tenemos en el café, venga a hablar con estos intelectuales que él, efectivamente, comprende hasta en lo más profundo, pero con los que trata simplemente para llenar la forzada soledad, para pasar el tiempo y, sobre todo, para darle satisfacciones eternamente idénticas al narcisismo. Desde este punto de vista, el *Diario* es una jactancia sin fin, un elenco obsesivo de las victorias verbales en conversaciones de bar.

Él, que, como tardorromántico, no hace sino cultivar su vena «demoniaca», que de todo da la «otra» versión y demuele socarronamente cualquier posible crítica del lector previniéndola con un jueguecito propio de joven literato tempestuoso (recuerda al Ponyrev de Bulgákov), no se ha dado cuenta de la increíble ingenuidad de su jactancia, como tampoco ha reparado en la ingenuidad, aún más increíble, con la que habla de sus obras, de sus editores, de los recensores polacos de sus obras. Es una ingenuidad que no revela sentimientos ideales, sino sentimientos más bien vulgares. Por lo que respecta a lo fundamental de su banalidad, él lo conoce e intenta ennoblecerla a través de un cierto verticalismo metafísico que ha aprendido de los latinoamericanos a quienes tanto ha ninguneado y provocado (en realidad lo hacía para mendigar un poco de compañía).

Su morbosa observación se ejercita en abstrusas futilidades: desde los insectos vistos panza arriba en la arena, tres piedrecitas en un sendero, la mano colgante de un camarero, pero se trata de una morbosidad «falsa», artística, que el autor justifica, precisamente, a través de verticalismos metafísicos inacabados, dejados a medias. En otras ocasiones, la «falsa» obstinación maniaca tiene como objeto algunos problemas, por ejemplo: una salvaje polémica contra la pintura o una no menos loca polémica contra Bach. El autor debe siempre hacer de aguafiestas y escandalizar. Sin embargo, cuando llega a Buenos Aires, el director de la revista *Preuves* es todo buen juicio, respeto y elogio.

Todo lo que Gombrowicz dice —con gran virulencia y exclamativamente— es *«Ersatz»*;[39] no profundiza nunca en el argumento de su desgracia, no por pudor, sin embargo, o por aquel alejamiento humorístico que para él es algo del todo obligatorio, sino porque «no la conoce».

39 Falso, imitativo, sin carácter, de pacotilla, de segundo orden.

Solo por casualidad conseguimos saber cosas importantes: que sufría gravemente de angina de pecho, que tenía como una pesadilla la posibilidad de que le faltara el aire, que sufría claustrofobia y era, probablemente, un *voyeur.* Pero todas estas no son, de entre sus desgracias, más que las de aspecto clínico. El aspecto público y social (es decir, el exilio) es aún más grave, pero lo expresa haciéndolo sabido y convencional. ¿Por qué? Muy sencillo: la falta de conciencia de la propia desgracia particular se debe a que no conoce a Freud. Así, hacer convencional la propia desgracia histórica se debe al hecho de que no conoce a Marx.

Tiene una cultura anómala respecto a la media cultural de un escritor moderno. Esta enorme laguna (Freud y Marx) quizá ha dado, por sustracción, la originalidad que tiene como inventor de historias. Su forma de ser visionario encuentra en ello la falta de nexos que le es necesaria. Pero, al mismo tiempo, dicha laguna es imperdonable en el *Diario.* La aristocracia (incluso la de abolengo) que le ha quitado a Gombrowicz el ansia burguesa de convertirse en un hombre verdaderamente culto lo ha convertido, por coacción, en un anarquista que ejerce de forma no sincera de reaccionario. Pero los argumentos que utiliza en favor y en defensa de una posición semejante son los de un autodidacta, de un inadaptado o inconformista, de un infeliz.

Su anticomunismo da pena, de tan banal y vulgar como es. Por lo que respecta a la crítica al otro sistema, al católico-capitalista, es pávida y está fundada en fáciles paradojas y ocurrencias periodísticas (quizá temía la reacción de los anfitriones argentinos).

Privado de vida personal, de casa, de patria, de partido, etcétera, hizo de la literatura su única razón vital, y tomó tan en serio el mundo literario que encoge el corazón. Ni se dio mínimamente cuenta de lo inconciliable de la jactanciosa anarquía con la sustancial y servil integración (aunque fuera de tipo cosmopolita, y por tanto no estuviera comprometida con ningún poder particular).

¿Por qué he hablado de este libro infeliz (incluso mal impreso)? Porque hay dos secciones, la IX y la X (1958) extraordinariamente hermosas y forman una especie de opúsculo independiente, que podríamos llamar el «Opúsculo de los changos».

Se trata del diario de un viaje a Santiago del Estero y de la estancia allí. Se leen aquí, en forma de *flashback,* los detalles más importantes, antes silenciados, de un viaje precedente a Tandil (entre ellos una pieza estupenda sobre la relación del intelectual con un Gide de dieciséis años).

Desde las primeras páginas, la descripción de Santiago despierta sospechas, está cargada de una misteriosa novedad. Nos habíamos acostumbrado, hasta entonces, a considerar al autor una especie de *clerc* turbulento, capaz de ver a su alrededor únicamente literatos y cafés literarios, físicamente sin existencia. Y he aquí que de repente repara en la belleza sensual, con una precisión y una capacidad de evidencia de calidad absolutamente superiores.

Es cierto que también en las páginas precedentes Gombrowicz le había dado vueltas sin fin a un encuentro entre la vejez y la juventud, y lo había convertido en el extravagante tema ideológico de *Pornografía,* pero aquí el encuentro entre «su» vejez y la juventud extrema de los «changos» aparece alarmante, imprevisto y lleno de gracia y de vitalidad.

¿Quiénes son estos changos? Son pequeños siervos del lumpemproletariado, creo haber interpretado indígenas. Entran de repente como personajes esenciales de la vida de Gombrowicz solo en esta sección del diario. La descripción que hace de ellos —que empieza siempre por las manos— es de una calidad lingüística excepcional, que reúne la calma suprema del contemplador con el *raptus* de quien tiene intuiciones que llevan vertiginosamente al fondo de la inocencia y de la aberración de la naturaleza. Los changos son criaturas perfectamente poéticas que se contraponen a todo como «todo contrario», que podríamos llamar «juventud», «gracia» o «belleza», pero que en realidad queda sin nombre porque el autor lo ha disociado de su realidad verdadera, que es el sexo.

Toda Santiago está sometida a la marca de esta inefabilidad física, en la que no se consigue creer hasta que no se revela, de vez en cuando, a través de la aparición de los cuerpos de los changos —pobres limpiabotas, mandados, camarerillos que sirven bebidas, etcétera—, cuya primera cualidad es la de ser siervos; mejor dicho, esclavos.

La exaltación que esto provoca en el ánimo del «patrón desgraciado» que es Gombrowicz es el registro en que se basa esta parte del libro: como en la arena ardiente, bajo la lluvia de lucecillas, Gombrowicz camina, camina sobre los pasos de sus *paides,* miserable perseguidor de esclavos. Pero el autor no osa llamar ni (lo que sería más humano pretender de él) describir este hecho por lo que es; es decir, «pederastia». Entonces, ¿qué sentido tiene todo ese sarcasmo, tanta incansable, triunfante, sacrosanta burla a costa del conformismo de todos aquellos pobres provinciales polacos y argentinos?

XII. ITALO CALVINO, *LAS CIUDADES INVISIBLES*[40]

He crecido a la par que Italo Calvino. Lo conocí jovencísimo, casi un muchacho. Creo que tiene uno o dos años menos que yo, pero cuando entré en el mundo tras salir del monasterio friulano en 1950, él era un poco más adulto, y estaba más metido en los asuntos de la sociedad y de la literatura, que me siguieron cerrados algunos años, como si no los mereciera por culpa de alguna indignidad, o por demasiada ingenuidad. Hemos trabajado juntos, él en Turín, yo en Roma, hasta que cumplimos más o menos cuarenta años; es decir, hasta que alcanzamos el centro de la vida. Cuarenta años es la edad en la que el hombre es más «iluso», cree más en los llamados valores del mundo, se toma más en serio el hecho de tener que participar en él, de tener que apoderarse de él. El veinteañero, en comparación con el cuarentañero, es un monstruo de realismo. Nuestro trabajo, en cierto sentido, se integraba, aunque fuese muy diferente. Sobre todo, nos unía el optimismo —como un sentimiento bueno— consistente en la

40 Firmado el 28 de enero de 1973. Publicado en P. P. Pasolini, *Descrizioni di descrizioni* [1979] y tomado de P. P. Pasolini, *Saggi*... [2008:II, 1724-1730]. La primera edición de *Le città invisibili* la publicó Einaudi en Turín, 1972. Hay edición española, A. Bernárdez (tr.), Siruela, Madrid, 2022.

convicción de que nuestro trabajo era el «centro» de algo, y que debería acabar por resultar en algo. Llenos de sospecha, nos admirábamos y nos amábamos, sin demasiados cumplidos, demasiado concentrados en la importancia de lo que hacíamos como para consentirnos pausas desinteresadas.

Más tarde, Calvino ha dejado de sentirse cercano a mí. Lo entendí enseguida. A principios de los años sesenta algo nos separaba, y estábamos en lados contrarios. El rostro militar, orgulloso y astuto de Calvino, bajo las abundantes cejas negras que, aunque septentrional, lo hacen muy mediterráneo, la boca carnosa que se agita siempre como si estuviera a punto de decir algo que le pasa jocosamente por un cerebro atentísimo. Esta imagen suya ha empezado a envejecer un poco y a perder color, a sonreír *«de lonh»,* como la de una persona querida cuya desaparición conocemos solo pasados unos años, cuando ya es tarde para sufrir la pérdida. Naturalmente, tengo objeciones al modo con que Calvino ha elegido la «actualidad»: su acercamiento a la neovanguardia y su adhesión apriorística al Movimento Studentesco (por quedarme en lo general). No sé qué le ha pasado realmente por la cabeza estos últimos años, porque Calvino (quizá diplomáticamente) ha callado, o ha mentido un poco. Cosas que, por lo demás, en este mundo, hay que saber hacer. No está escrito que debamos decir siempre la verdad. A veces, es mejor callar que decir la verdad. Guardarse en los adentros la verdad, a veces, quizá es más sano. Cierto es que Calvino ha mantenido intacto el crédito conseguido, mientras que yo era desacreditado dos veces por dos modas a las que Calvino no ha renunciado —estableciendo con ellas una especie de distraída alianza— una vez demostrada la verdad que yo, de manera inoportuna, he gritado a los cuatro vientos como una gallina desplumada. Sigo gozándome no solo el descrédito (que se demuestra más bien inmerecido), sino también la antipatía de quien no me sabe perdonar el haber dicho a su tiempo lo que era justo decir. De Calvino, decía, no he sabido nada durante años, como si él hubiera sufrido una especie de suspensión, incluso física. Las *Cosmicómicas* —lo confieso— me parecieron una cosa irreal e interlocutoria. Ahora se me reaparece, no solo verdadero, sino más verdadero que nunca, con su último libro, que no es solo el más bello de los suyos, sino que también es bello en lo absoluto.

La última observación que se me ocurre es que este libro, *Las ciudades invisibles,* es el libro de un muchacho. Solo un chaval puede tener, por un lado, un humor tan radiante, tan cristalino, tan dispuesto a hacer cosas hermosas, resistentes, alegradoras. Solo un chaval, por el otro, puede tener tanta paciencia, la del artesano que quiere a todo coste pulir y pulir su trabajo. No los viejos, los jóvenes son pacientes.

Por lo demás, en la ciudad de Isidora «está el pretil de los viejos que miran pasar la juventud; él está sentado con ellos». E, indudablemente (es decir, por lógica), *Las ciudades invisibles* es la obra de un viejo, o (por lo menos) de una persona mayor «que ha visto pasar la vida». Esta experiencia, que es la más importante que un hombre pueda tener, hace que él no pueda ver ya el futuro como el futuro de la propia vida, y tampoco como el futuro de los hijos o de los nietos, que es el horizonte humano entre el que —por ejemplo— opera la Razón, y la ética, sobre todo la normativa, encuentra sus cimientos. No, la experiencia de haber visto pasar la vida equivale a la experiencia de haber visto pasar «toda» la vida posible, la vida del cosmos. El futuro se expande, pues, desmesuradamente y todas las proporciones de lo real, con su racionalidad y su moral, saltan por los aires. Queda apenas el dato de dicha experiencia, que sin racionalidad y sin moral debe justificarse por sí sola al no poder compararse con nada que no sean las ilusiones y, además, no tiene más salida posible que la de expresarse.

El libro de Calvino es, pues, el libro de un viejo para quien «los deseos son recuerdos». No solo, empero, los deseos son recuerdos: lo son también las nociones, las informaciones, las noticias, las experiencias, las ideologías, las lógicas; todo es recuerdo. Todo instrumento intelectual utilizado para vivir es un recuerdo.

Por consiguiente, también la absoluta novedad del conocer la vida «como ya pasada» no tiene más instrumentos para expresarse que estos viejos recuerdos. Es verdad, pues, que cualquier ilusión cultural en Calvino ha decaído, pero la cultura permanece, al menos como proveedora de dichos recuerdos culturales, a través de los cuales Calvino puede expresar el nuevo mundo tal y como se le presenta ante los ojos deslumbrados del joven-viejo sentado en el pretil.

En esta cultura que podemos llamar «sobrevivida» de Calvino está todo, incluso (naturalmente) el marxismo con sus exigencias practicantes de intervención, su retórica, etcétera, porque esto es sobre todo lo que el libro, aunque lo englobe, niega, pero de lo que no reniega. La idea de una Ciudad Mejor, a la que se llega tras la victoria, pongamos, de la lucha de clases, acaba sencillamente inmersa en una diferente idea del tiempo; no digo de la historia, sino del tiempo. De hecho, muchas de las ciudades que sueña Calvino alcanzan, llegado un punto, la perfección. Que la pierdan más tarde es una cuestión que atañe a generaciones increíblemente futuras. Lo digo para intentar tranquilizar las conciencias de mis colegas marxistas observantes.

Así pues, a pesar de la pérdida de las ilusiones culturales, la cultura de Calvino, repito, sigue intacta, aunque solo sea como ilusión. En cuanto ilusión, ha alcanzado la perfección formal de un objeto, de un fósil maravilloso. La cultura específica de Calvino, que es la literaria, liberada de sus funciones, de sus deberes, se ha convertido en una mina abandonada en la que Calvino va a extraer los tesoros que quiere.

¿Qué extrae? Lo primero, una escritura metálica, casi cristalina, pero ligera, increíblemente ligera: la escritura del juego. A la ligereza, Calvino no renuncia nunca, no hay un solo instante en el que al escribir no cabalgue al galope, como si corriera sin tener una meta. No obstante, en este correr por correr, la elegancia, el cuidado descuidado de la elegancia, no acaba traicionado ni un instante.

Lo segundo que extrae Calvino de la mina abandonada son las técnicas de la ambigüedad. En todas las páginas de *Las ciudades invisibles* todos los cánones están en suspenso; es más, aparecen burlados. El sentido es como un eco en un valle lleno de grutas que resuena ahora aquí, ahora acullá, aunque sea siempre el mismo.

Pero la ambigüedad, en su aspecto más típico y clásico, el de infinito difuminado, se encuentra en las páginas conectivas del libro, las escritas en cursiva, que fabulan sobre los relatos de un pseudo-Marco o de un pseudo-Polo al emperador. Ambos interlocutores son eternamente cambiantes y se presentan, siempre, como símbolos de todos los libros posibles que este libro podría ser; o como símbolos de los puntos de vista a través de los cuales este libro (sea ideológicamente, sea lingüísticamente) podría ser angularmente observado. No se puede hablar, de ninguna manera, de «relativismo» a propósito de Calvino, porque su relativismo es completamente visionario, confrontado con infinitas posibilidades diferentes.

La tercera materia que Calvino extrae de su mina literaria es el surrealismo. Un surrealismo que es la delicia de las delicias, porque la galería de cuadros surrealistas que extrae no se explican a través de sí mismos (o sea, a través del surrealismo), sino que sirven a aquella ideología múltiple que reniega de cualquier posible lógica de la razón; sobre todo, de la razón dialéctica.

El fondo de semejante ideología, infinitamente posibilista o múltiple, es siempre el mismo, sin embargo. Lo forman el enfrentamiento irreconciliable de dos opuestos: la realidad y el mundo de las ideas. Sí, en la literatura arqueológica de Calvino ha aparecido de repente el platonismo, bajo cuyas indicaciones nació la literatura. Las ciudades que sueña Calvino, en infinitas formas, nacen invariablemente del choque entre una ciudad ideal y una ciudad real, pero no se resuelve históricamente en nada. ¡Los dos opuestos no se superan con un enfrentamiento dialéctico! El combate entre ellos es tan obstinado y desesperado como inútil resulta: el tiempo hace de pacificador al llevarse todo tras él a una dimensión completamente ilógica que resuelve los problemas diluyéndolos hasta el infinito, destruyéndolos hasta hacer de ellos escombro, a su vez, surreal.

Para mí, que ahora trabajo en *Las mil y una noches,* leer este libro ha sido algo casi embriagador, y no es una casualidad o un hecho personal. *Las mil y una noches* son exactamente el modelo figurativo que el surrealismo de Calvino saquea parsimoniosamente. Y del mismo modo que cada uno de los cuentos de *Las mil y una noches* es el relato de una anomalía del destino, así cada una de las descripciones de Calvino es la descripción de la anomalía de la relación entre el mundo de las Ideas y el de la Realidad, que (a fin de cuentas) es el Destino en la civilización occidental. «La invención poética consiste en la individualización de dicho momento anómalo».

En las descripciones de las ciudades de Maurilia, de Zobeida, de Ipazia, de Eutropia, de Ottavia, de Ersilia, de Bauci, de Pirra, de Moriana, de Bersabea, de Raissa, de Marozia, la individualización de la anomalía es tan perfecta que parece haber surgido de sí misma: estamos ante fenómenos de una realidad «surreal» de la que Calvino parece ser un simple descriptor. ¿Cómo puede ser cuando está muy claro que, por lógica (y también por práctica, para quien tenga algo de ella), semejante operación se demuestra, sobre el papel, extraordinariamente difícil, si no imposible? ¿Cómo es posible repetir el milagro del narrador de *Las mil y una noches,* su exaltante perfección a la hora de relatar las anomalías del código del destino? En el fondo, en cambio, la cosa se explica de manera bastante sencilla; es más, es lo primero que debería haber dicho al hablar este libro: Calvino no inventa nada, ya que hablamos de inventar, sencillamente se concentra en una impresión real —uno de tantos «choc» intolerables que, sean tardes o crepúsculos, estaciones intermedias o canículas, nos provocan en los ángulos más impensables o más familiares de las ciudades conocidas o ignotas en las que vivimos— y, sintiéndola en la conmovedora cualidad de sueño, analiza. Los fragmentos separados, desmontados, de tal análisis se vuelven a proyectar en el vacío y en el silencio cósmico en los que la fantasía reconstruye, precisamente, los sueños. Lo que provee materia para los «vértices» poéticos e ideológicos de Calvino es siempre, pues, una «base» de sensibilidad real.

XIII. MARY McCARTHY, *PÁJAROS DE AMÉRICA*[41]

Pocas veces sucede lo que sucede cuando se lee el libro de Mary McCarthy *Pájaros de América;* pocas veces, digo, sucede no entender qué libro se está leyendo. Debería haber escrito un «diario de lectura» y escribir con diligente progresividad lo que era el libro —o lo que yo conjeturaba que quería ser— o, mejor aún, el género en el que yo intentaba finalmente catalogarlo a medida que avanzaba en la lectura.

Por otro lado, pocas veces sucede que una obra sea tan igual a sí misma, tan escrita siempre con idéntica mano, desde la primera página hasta la última, como si la hubiera dictado una voluntad cuya principal determinación es la de no cambiar nada, no moverse un milímetro de las normas uniformadoras de la escritura. Por ejemplo: evitar salidas de tono expresivas, sea hacia arriba, sea hacia abajo. El dibujo del libro debe ser una línea horizontal sin subidas ni bajadas, todo debe ser referido solo si ha sido perfectamente

41 Firmado el 25 de marzo de 1973. Publicado en P. P. Pasolini, *Descrizioni di descrizioni* [1979], pero no en la edición española de 1997, y tomado de P. P. Pasolini, *Saggi...* [2008:II, 1750-1755]. La edición original, como M. McCarthy, *Birds of America,* Harcourt, San Diego, 1971; de esta última hay edición española, P. Vázquez (tr.), Barcelona, Tusquets, 2007.

asimilado, «¡jamás *in progress*!». Tanto el sentimiento como la interpretación crítica deben haber sido perfectamente estabilizados en la consciencia del referente, que se debe colocar no solo «mucho después» de que los hechos hayan sucedido, sino también «mucho después» de haber sido interpretados. El recurso a las locuciones cautelosas y humorísticas debe ser incesante: nada de locuciones improvisadas, como tampoco ninguna transgresión a la gramática y mucho menos a la sintaxis, ¡ninguna! Ni siquiera la más mínima sospecha de que pueda pasar algo semejante debe intuirse en el texto.

Una gran revista americana, o incluso un gran periódico, exigiría a sus colaboradores exactamente esto: una reglamentación estilística de esta clase.

McCarthy exhibe, pues, una «escritura» periodística, pero tan segura de sí misma, llena de una tan lúcida determinación para estarlo que deviene casi «matérica» por el proceso diametralmente opuesto a aquel por el que se define «matérica» una escritura: en lugar del desorden desbordante del magma, aquí tenemos el orden aséptico del producto.

Es este el enigma contra el que —como contra una pared blanca y reluciente— el lector —como un insecto enloquecido— se da de cabezadas.

Hacia la mitad del libro, de todos modos, la idea que se tiene es esta: se trata de un «poema en prosa», pero esta prosa, al contrario que la de los «poemas en prosa», no es poética, es verdaderamente prosa, eso que se llama prosa; la prosa, precisamente, de los periódicos.

Por lo que respecta al contenido del «poema en prosa», se cree (siempre hacia la mitad del libro) que es un «retrato» pragmático del pragmatismo americano, una profunda identificación, por simpatía o concordancia electiva, entre la retratista y el objeto retratado. La serie de cosas o hechos en los que consiste la plenitud autosuficiente del pragmatismo se transforma en una serie de cosas y hechos «escritos» de acuerdo con un modelo de estilo que también forma parte de la autosuficiencia pragmática. Es verdad que no es posible que no haya un «alejamiento» —por lo demás teorizado y diligentemente aplicado— entre la escritora y el *pragma* que describe, pero incluso este alejamiento es un alejamiento pragmático… Así como también es pragmático lo que contradice el pragmatismo (en la realidad y en este libro): o sea, el imperativo categórico, Kant.

Sí, hacia la mitad de libro toma cuerpo —como si fuera un descubrimiento del lector— esta humilde hipótesis: en el «poema en prosa-prosa» de McCarthy, el contenido es un drama que se desarrolla entre un héroe pletórico e inmenso, el Pragmatismo, y un héroe mínimo y esencial, el Imperativo Categórico. Y todo esto en la Consciencia de un joven hijo de una americana y de un judío italiano (divorciados).

Si no fuera porque, un poco más adelante, reparamos en que Kant —este antagonista invisible, con sus pocas pero decisivas apariciones— ¡acaba también pragmatizado! ¿Cómo? A través del idealismo, que no es lo contrario al pragmatismo, sino sencillamente la otra cara. Y aquello —para entendernos— que consiente a algunos estadounidenses ser pacifistas, pertenecer (en 1964) al Student Nonviolent Coordinating Committee (SNCC), luchar contra el *establishment* de un poder «casi» fascista sin por ello dejar de ser estadounidenses.

Peter —el muchacho protagonista—, pues, no vive un drama, sino una perpetua e incurable crisis de conciencia. La misma que ha vivido la burguesía de sus padres, racista e imperialista, restableciendo el equilibrio roto por el cinismo y la brutalidad del comercio primero, de la industrialización después, a través de la invención de la honradez (el protestantismo, el puritanismo, etcétera).

Todo esto nos parece que lo hayamos descubierto nosotros leyendo el libro, pero, al final, en la última página, «exactamente en la última página», como en las novelas de policías y ladrones (página, por lo demás, estupenda), alcanzamos a saber que todo esto lo había calculado y proyectado McCarthy, y que la sombra de Kant, sentándose a los pies de la cama de Peter con fiebre por culpa de la picada de un pájaro, asume una función estrictamente pragmática al anunciar a Peter la «muerte de la Naturaleza».

¿Y? Un libro que nosotros, en el ámbito italiano, llamaríamos naturalista, una infinita (374 páginas) *tranche de vie,* ¿se revela repentinamente como alegórica o, al menos, sustancialmente metafórica? No tiene la dimensión, el cuerpo, el carácter, el tono, las proporciones, el suspense; nada de eso, ¡maldita sea!

Al final, al echar la vista atrás y encontrarnos con el libro ya leído, reconstruimos (es verdad) el sentido de la metáfora, pero mientras este sentido, página por página, era indirectamente descrito en la infinita variedad de los acontecimientos, nos parecía profundamente significativo, aunque modestamente identificado a través del sentido común (que comparte la *intelligentsia* internacional al completo), al final, dicho sentido, el de la muerte de la Naturaleza provocada por la industrialización total, nos interesa quizá menos precisamente porque ya es *res communis omnium,* como el mar (contaminado). En cambio, nos interesa más el gran cuerpo yacente de la novela que hemos recorrido para llegar a esta conclusión, y nos interesa por la obsesiva precisión de información existencial (demasiada, para ser periodista, si bien puntillosamente escrita según los cánones de la prosa periodística, lo que la hace extrañamente ambigua y, quizá, un poco delirante).

El interés por el largo curso de esta historia se ramifica en dos secciones: la primera tiene que ver con la madre (el hada Rosamund); la segunda, con el hijo (Peter). Como el libro consigue —misteriosamente— convertirse en un universo, con su cohesión interna de hecho y, sobre todo, con su «tiempo», sucede que la primera parte (el mítico periodo de Rocky Port vivido en intimidad por la madre y el hijo) acaba por parecer objetivamente lejana, mágicamente evaporada en la prehistoria. Así, arrinconada, expulsada hasta aquellos años, recluida en los recuerdos que se van difuminando y se hacen idílicos en comparación con la Realidad (que se encuentra siempre, brutalmente, en el presente), Rosamund acaba por interesarse efectivamente cada vez menos. Y de ella queda, como en una pesadilla simpatética, la obsesión por buscar por las tiendas viejos objetos y viejos alimentos que ya no se venden (la Naturaleza está muerta).

¿Cómo me las arreglo, ahora, para decir —a propósito de esta novela que no es ni *La educación sentimental,* ni el *Ulises* ni, más modestamente, *El gran Meaulnes*— que Peter es un personaje extraordinario? ¿Es posible construir un gran retrato con materiales corrientes y de poco valor? ¿Es conciliable una gran figura literaria con una literatura (aceptemos que lo sea de manera consciente) periodística?

Cierto es que Peter aparece poco a poco como una persona llena de un potencial absolutamente raro de realidad. Quizá sea el punto de encuentro entre realidad pragmáticamente vivida y realidad pragmáticamente «escrita». Peter es exactamente como si lo hubiéramos conocido, visto y observado físicamente. El pragmatismo que condiciona fatalmente a McCarthy le consiente escribir una «crónica»

—lenta, dilatada, llena de prosaica «alta» cultura hasta que se quiera—, pero el resultado es hacerse intermediario de las cosas y de las personas, que reviven en la imaginación independientemente de las páginas que las testimonian. McCarthy ha recorrido la América y la Europa de los estadounidenses parecido a como Salimbene de Parma viajó por la llanura padana.

Así, este Peter —cómo es físicamente, cómo actúa, cómo viste, cómo habla, cómo se «comporta»— está vivo, forma parte de una experiencia existencial más que de una experiencia literaria.

Además, al tratarse de un personaje bastante excepcional y emblemático (es medio judío, medio italiano y, por tanto, alguien «diferente», educado en una familia que está en la oposición por razones ideales, rígidamente puritanas) y, a la vez, ser extraordinariamente común, en el sentido de que no tiene una cualidad capaz de distinguirlo de una masa o de un categoría, si entramos en él, en su interioridad dividida, que no monologa sino que discute dramáticamente consigo misma, entramos en el mecanismo de un enigma.

Las personas como Peter son, de hecho, las más desconocidas, precisamente porque no son masa pequeñoburguesa u obrera, y no son «elite» (o, por lo menos, no son «elite todavía»), pero son el ejército fluctuante de «almas benditas» (con todo el respeto que se debe a su sensibilidad y a su ingenuo rigor) que determinan —a pesar de sus eternos fracasos— la opinión pública y hacen posible la existencia de una alta «cultura», de un arte, de una literatura. Son los «lectores», son aquellos a los que se dirige un intelectual y que este reconoce como hermanos gracias a una serie de características que los acercan mientras las características que los hacen diferentes —y con frecuencia mejores que él— se le escapan, siendo como es enigmática la mezcolanza de intereses sinceramente excepcionales con una vida «común», humildemente anónima.

La vida del adolescente Peter se cuenta a través de una acumulación de episodios, cada uno de los cuales parece no esencial, aunque la autora lo cuente «a la perfección». Pero el motivo por el que ella privilegia ciertos episodios (los que aparecen en el libro) y no otros (que no aparecen) parece ser inconscientemente constante y regular: el de describir la soledad de Peter. La educación sentimental del muchacho —que con heroica exploración afronta todo lo que considera que es su deber afrontar, «como cualquier otro»— es una educación para estabilizar su figura de «diferente» (a pesar de su inocente normalidad, que hace que te entren ganas de abrazarlo, con lo delgado que es y esa narizota de judío). Al echar la vista atrás y ver la serie de episodios —que, extrañamente infinita, se extiende a espaldas del lector que ha acabado el libro (el día del primer bombardeo de Vietnam del Norte) con la incierta intención de hacer un resumen—, lo que aparece es una larga atrocidad vivida por el protagonista con una «buena voluntad» que pone el corazón en un puño.

XIV. LOUIS-FERDINAND CÉLINE, GABRIEL GARCÍA MÁRQUEZ, GIUSEPPE BERTO[42]

Es un lugar común admirar incondicionalmente a Céline. La obligación moral que impone este lugar común es una especie de desinhibida toma de posición antideterminista por la cual resultaría, precisamente, «inmoral» juzgar a un autor por su ideología y por su comportamiento vital; por el contrario, sería «moral» separar, de tales ideología y comportamiento, su obra.

En el caso de Céline, esta disociación está codificada con especial rigidez. Es cuestión de honor del intelectual de izquierdas no discutirla. Se trata de un ejemplo de «literatura» avanzada en un escritor «reaccionario», y sirve para liberar la conciencia del intelectual de izquierdas del dogmatismo y del miedo al escándalo.

En cambio, esta cómoda disociación debe ser puesta en entredicho. La última novela de Céline, *Il castello dei rifugiati,*[43] tiene carácter autobiográfico. Habla de su vida y alude

42 Escrito el 22 de julio de 1974. Publicado en P. P. Pasolini, *Descrizioni di descrizioni* [1979] y tomado de P. P. Pasolini, *Saggi…* [2008:II, 1831-1836].

43 La primera edición francesa es de 1957, *D'un château l'autre,* Gallimard, París. La edición italiana la imprimió Vallecchi en 1973. La primera edición española, *De un castillo a otro,* C. Kurtz (tr.), la publicó Bruguera en 1972.

continuamente a la ideología que la ha determinado. Incluso para el más obstinado anticonformista sería difícil, en este caso, escapar al conformista deber de comparar el resultado estético con la «voluntad noética», el tipo de conocimiento que allí gobierna. Una comparación de este tipo arroja resultados desastrosos para Céline y su valor literario. La novela está concebida como un largo, interminable «monólogo interior»:[44] el escritor se sumerge en el espíritu —en concreto en el espíritu lingüístico— del protagonista y vive su relación discursiva con la realidad y acerca de la realidad. Generalmente, el protagonista del que el escritor «revive el relato» es muy diferente, psicológica y socialmente, del escritor. Por ejemplo, Padron 'Ntoni es muy diferente del Giovanni Verga que lo revive en la escritura. En cambio, en el caso del libro de Céline, ¡el protagonista y el escritor son la misma persona! Céline revive el relato de Céline —poco, muy poco distanciado de sí mismo— de una manera más pequeñoburguesa.

Este «monólogo interior», típico de la escritura naturalista, aparece estilizado en Céline, pero con un ingenio carente de inspiración que no deviene una verdadera «idea formal». El autor interrumpe el flujo interminable del discurso de quien piensa en sus cosas como en voz alta, y lo ha desmenuzado en una serie de fragmentos sintácticos mínimos, separados entre sí por puntos suspensivos y una serie infinita de puntos exclamativos. Así, en lugar de una «remeditación», como es por regla general el «monólogo interior», tenemos delante un emocionado informe completamente exclamativo. Es un

44 Buena parte de los escritores italianos posteriores a 1960 entrecomillaban siempre «monólogo interior» porque recordaban irónicamente al editor Leo Longanesi, famoso por sus confusiones léxicas, que desechó una novela por exceso de «monólogo inferior». Ennio Flaiano lo incorporó a su *Diario degli errori*, Adelphi, Milán, 2002, nº 269.

desfogue, una arenga. Pero como el autor no puede, o no quiere, afrontar directamente los hechos de los que habla, establece con su hipotético escuchador una relación completamente alusiva y cómplice. Y aquí, en esta relación, se manifiesta la ideología y el carácter psicológico-político de Céline, y como esta «relación» es, en sustancia, el estilo del libro, la famosa disociación no puede llevarse a cabo.

Il castello dei rifugiati es un mal libro porque es odioso lo que Céline piensa y Céline es. El destinatario de su falso «monólogo» es un hombre como él, que piensa como él, o casi. O que es capaz de comprenderlo cuando aquel alude a su pasado de colaboracionista y de criminal de guerra, o, cuando menos, capaz de hacer suya la desilusión posterior, con la consecuente desinhibición crítica a propósito de sus ex ídolos nazis, mezclados con una general indignidad del mundo. Por tanto, el lector se ve obligado a sentirse identificado con un destinatario-cómplice. Pero lo que el autor le comunica y le confía —con los guiños que se hacen a un igual— como, exacto, a un cómplice horrible, es tan mezquino y vulgar que el rechazo que hace el lector no puede más que ser absoluto.

No se le puede perdonar a Céline su fascismo en nombre del sentido común burgués, no es posible disociar de esta condición su estilo, si su estilo no es sino, precisamente, la «mímesis» del sentido común de un burgués, aunque esté desesperado y desechado de la vida normal.

Otro lugar común (parece) es considerar *Cien años de soledad* (recientemente reimpreso) de Gabriel García Márquez una obra maestra.[45] Me parece sencillamente ridículo.

45 Feltrinelli publicó en Milán *Cent'anni di solitudine* en 1968, y lo reeditó en 1970 y en 1973.

Se trata de la novela de un escenógrafo o de un costumbrista, escrita con gran vitalidad y gasto de manierismo tradicional barroco-latinoamericano, como al servicio de una gran empresa cinematográfica americana (si todavía existen). Los personajes son todos mecanismos inventados —en ocasiones con espléndida maestría— por un guionista. Tienen todos los tics demagógicos destinados al suceso espectacular. El autor —mucho más inteligente que sus críticos— parece saberlo bien: «No se le había ocurrido hasta ahora —dice en la única consideración metalingüística de su novela— pensar en la literatura como en el mejor juguete inventado para burlarse de la gente». García Márquez es indudablemente un burlón fascinante, tanto que los tontos han caído todos en la trampa. Pero le faltan las cualidades de los grandes mistificadores (¿«fue Dante un mistificador?», es la pregunta que un dantista alemán le hace al oído a un colega, como dice Contini). Las cualidades que tiene, por poner un ejemplo, Borges (o, en una escala mucho menor, Tomasi di Lampedusa, si *Cien años de soledad* recuerda un poco a *Il Gattopardo* también por los equívocos que ha suscitado en la palude del mundo que decreta los éxitos literarios).

Los críticos literarios deben tomar nota de un nuevo «género», o técnica, que sin embargo pertenecía ya a la literatura: el guion cinematográfico, y el llamado «tratamiento». El guion y el tratamiento «son obras literarias» en cuanto su autor tiene conciencia de que su integración «no es literaria», que son estructuras provisionalmente lingüísticas, que en realidad «quieren» ser otras estructuras diferentes: estructuras, en concreto, cinematográficas. Y el autor de un guion o de un tratamiento es mejor literato cuanto más alcanza a conseguir la colaboración del lector en la visualización de lo que está escrito provisionalmente. Asumir tal provisionalidad (tal voluntad de la estructura de ser «otra estructura») forma parte de la técnica literaria del guionista y, potencialmente, de su estilo.

Sin embargo, la gran mayoría de los guiones y de los tratamientos son pésima literatura. Literatura indigna. ¿Por qué?

Lo primero que hace el guionista es identificar el lector con el productor —quien debe colaborar con el autor para «transformar», en la imaginación, la estructura lingüística en estructura cinematográfica— y, por tanto, con quien paga. El destinatario de la obra es, una vez más, el patrón. Ahora bien, la mayor parte de los escritores cinematográficos provienen de la elite cultural. Son, pues, personas que tienen la obligación, diría social, de considerar al patrón un idiota, un semianalfabeto, un hombre despreciable. Al mismo tiempo, no obstante, debe conseguir que le guste lo que ha hecho. Pero, en el momento en que el guionista identifica al productor con un «un idiota, un semianalfabeto, un hombre despreciable», solo tiene una manera para convencerlo: degradar lo que escribe. Y la inocente *captatio benevolentiae* que los autores, en diferentes medidas, utilizan para obtener la colaboración del lector acaba por convertirse en una operación inmoral que implica al autor en la degradación que ha planificado con bajeza.

La colaboración del autor con el lector-productor tiene, pues, los caracteres de una complicidad abyecta. Las pequeñas ambiciones literarias o políticas del autor acaban por hacerse pasar por veniales exigencias culturales, por lo demás necesarias para la película, al menos como coartada, y esto acaba por sugerirle continuamente entre líneas, o en la calidad del estilo, el autor al productor. Las fatales complicaciones de los personajes y del asunto se ofrecen como cosas previstas y previsibles, y por lo demás bien experimentadas.

El humorismo crítico y amargo acaba deturpado en comicidad ya en otro sitio y pacíficamente apreciada, tanto por parte de quien escribe como de quien lee, etcétera. En suma, el autor tiende a hacer sociedad con su lector-productor, a hacer de él un compañero y un cómplice, degradándose hasta ocupar el mismo nivel en el estúpido, vulgar, conformista, cínico conocimiento de las cosas humanas.

Tal esfuerzo por simplificar, por reducir, por desdramatizar, para hacer comunicable todo y sin problemas reales acaba por convertirse en una forma atroz de adulación al patrón, con quien el guionista —para decirlo con sus palabras—, a pesar de despreciarlo, y quizá incluso porque lo obliga a un comportamiento miserable, acaba arrufianado.

Ahora bien, ningún hombre es apriorísticamente como el guionista imagina que es el productor, ningún hombre es apriorísticamente inferior a nadie. Y la primera regla moral de un autor es considerar un igual al lector. Si después aquel identifica al lector con un productor, el productor debe ser considerado también un igual. Obrar de modo contrario a esta primera y elemental regla moral hace de un autor alguien indigno de su profesión.

Oh, Serafina! de Giuseppe Berto es uno de estos guiones que he analizado aquí.[46] «He escrito este libro porque necesitaba dinero —dice el autor en la sobrecubierta—; por

46 G. Berto, *Oh, Serafina! Fiaba di ecologia, di manicomio e d'amore,* Rusconi, Milán, 1973. Berto y Pasolini se odiaban a muerte. En este artículo, Pasolini dedica a Berto las mismas palabras que este escribió en 1957 sobre los escritores de talento (Zavattini, Flaiano, Pasolini, Soldati, Moravia, Bassani) al servicio de productores cinematográficos: «Los hombres de ingenio son culpables si lo malmeten y lo degradan, y mucho más si lo hacen por dinero. Pero ante el cine la culpa que tienen se atenúa porque el cine ha ejercido una forma de corrupción sobre ellos, les ha exigido lo peor y no lo mejor», *Rotosei,* 16 de agosto de 1957.

regla general resuelvo estos problemas trabajando para el cine. También esta vez quería que fuese así y, en efecto, *Oh, Serafina!* tenía que haber sido solo un guion cinematográfico. Lo escribí y lo di a leer a algunos de los más importantes productores italianos, que no lo compraron porque no veían nada en él». Naturalmente, nada podían ver en esta burda historia derivada del peor Cesare Zavattini, que yo habría dejado de leer a las pocas páginas (que enredan al lector y lo humillan al identificarlo con aquel productor despreciado y adulado) si mi deber de crítico no me hubiera constreñido a acabarla. Por eso, en lugar de expresar un juicio negativo de este libro (si se le puede llamar así), expreso aquí que me siento ofendido e indignado.

XV. LEONARDO SCIASCIA, *EL MAR COLOR DE VINO*[47]

La escritura de Leonardo Sciascia carece de lo que se llama «puntas expresivas» y, en cierto sentido, incluso de lengua «vivaz» (en el sentido que dan los lingüistas a esta palabra). En un escritor realista como Sciascia, predomina el canon que es típico de las escrituras fuertemente idealistas o idealizantes: la selección. O sea, Sciascia utiliza un tipo de palabras, y no otras. De ello surge una fuerte restricción léxica o, por lo menos, una fuerte tipicidad del léxico. Sucede que se sabe que el realismo ambiciona estilísticamente estar a cualquier nivel, asumir cualquier forma lingüística, de la más baja a la más alta. Esto, al menos, según la tradición realista italiana, de Verga en adelante.

Como es meridional, quizá Sciascia no pertenece en rigor a la tradición italiana. Ni siquiera a la que nació con Verga. Parece que aquel se haya hecho, en el momento inicial de su carrera, esta propuesta de trabajo: «Si realista debo ser, con el riesgo añadido del naturalismo, pues bien, tomaré como modelo de

47 Firmado el 29 de julio de 1973. Publicado en P. P. Pasolini, *Descrizioni di descrizioni* [1979] y tomado de P. P. Pasolini, *Saggi*... [2008:II, 1837-1842]. La edición original como L. Sciascia, *Il mare colore del vino,* Turín, Einaudi, 1973; hay edición española, J. M. Salmerón (tr.), Barcelona, Tusquets, 2010.

semejante realismo (o, en la peor de las hipótesis, naturalismo) maestros no italianos: Maupassant, Flaubert, Balzac».

Así pues, en Sciascia la escritura tiende a no estar presente. Su discreción es tal que hace que la escritura parezca ausente. Y esto le exige al autor un interés lingüístico, en realidad, mucho más fuerte e intenso que el requerido por una escritura vistosamente expresiva (con aportaciones de alta elección literaria, o de modos jergales o dialectales).

¿Qué conclusión sacar? Es sencillo: en realidad, el único análisis posible y fructífero de los libros de Sciascia es «precisamente un análisis lingüístico». La búsqueda de las razones, lo primero, y luego del funcionamiento a través del cual tiene lugar la selección lingüística, implicando las grandes exclusiones del «estilo indirecto libre» y de las aportaciones dialectales. No es este lugar para semejante y especializada investigación. Pasaré, pues, directamente a consideraciones conclusivas no lingüísticas.

Sciascia, al renunciar a entrar en sus personajes para «revivir lo que dicen» y expresar luego indirectamente los pensamientos, hace una enorme renuncia. De hecho, sus personajes son tradicionalmente los típicos personajes que exigen aquella «mímesis» que Sciascia, al expresarla, les niega.

Es inexplicable —y queda suspendido como una especie de luz enigmática sobre todas las historias de Sciascia— que el autor no reproduzca el habla de los profesionales liberales de Nisima o Maddà, de sus Calogero o de sus Rosalia, cuando todo deja suponer que debería hacerlo. Y es igualmente inexplicable que «nunca» incorpore a su léxico el dialecto siciliano, que está allí, amenazador, duro, sombrío, como un demonio que cubre el mundo con alas peludas.

Estas dos «expectativas desilusionadas», que hacen que leamos a Sciascia como se lee a un clásico, se advierten incesantemente, cuando se leen sus relatos, como un vacío, un algo que faltase (cosa que, en cambio, no sucede con los clásicos, incluso los del naturalismo). El hecho es que pocos autores de hoy son íntimamente más confusos y exacerbados que este «clásico». Toda la carga agresiva contra el monstruo que es la mafia (como veremos) acaba frustrada porque (como veremos) la mafia no solo es prácticamente imbatible, sino que también es, como nos sugiere el autor, inexpresable. La agresividad frustrada se transforma en pasión impotente, a su vez amargamente reprimida y controlada (según reglas, si bien se mira, típicas del comportamiento siciliano). En suma, lo que Sciascia no puede expresar con una clara indicación política se ve constreñido a convertirlo en moralismo, y tal moralismo acaba por ejercitarlo (ante todo) sobre sí mismo, sobre la exacta probidad de su estilo sencillo.

Así pues, los héroes de Sicilia y sus acciones, su comportamiento, etcétera —decíamos— se toman de la tradición realista italiana, que implica una objetividad no explícitamente crítica, a la que se llega a través de la «mímesis»; por su parte, el modo de relatar de Sciascia procede de una tradición diferente, europea, también esta realista, en cualquier caso. Es la que consigue la objetividad, diría existencial, no a través de la «mímesis», sino de la claridad, discreción, parsimonia expresiva; a través, en definitiva, de su primer principio: «Aquí se hace objetividad».

Las dos diferentes tradiciones de escritura realista, al mezclarse, producen la escritura misteriosa y suspendida que es la escritura de Sciascia, que conserva —con la máxima discreción— todo el encanto de la inmediatez existencial, corporal, pesada y crasa, típica del momento naturalista «mimético» (de Verga a Pirandello, incluso hasta Brancati y Patti). Pero, al mismo tiempo, la purifica y, en cierto sentido, la desmaterializa en una especie de castidad expresiva que deja en los huesos sus múltiples categorías existenciales. ¿Por qué Sciascia practica esta contemporánea gestión de los dos realismos? Creo, ante todo, que porque mediante tal gestión Sciascia tiende a anular los dos realismos recíprocamente, eludiendo tanto lo esperable en uno como en el otro, haciendo tanto del uno como del otro pretexto para hablar de los mecanismos, de las apariencias.

Entonces —si todos los escritores de historias adoptan trucos parecidos para traducir, precisamente, en historias los ensayos que les gustaría escribir—, queda preguntarse ¿por qué el truco que utiliza Sciascia es precisamente este, tan extraño, que fusiona dos tradiciones realistas diferentes? Los ensayos que Sciascia quisiera escribir tienen que ver, naturalmente, con Sicilia: su ambición sería la de representar la actual condición histórica de Sicilia como el resultado suspendido, irresuelto, de una larga historia que se repite y que no puede ser interrumpida ni manipulada. En el centro de la historia está la mafia, vinculada a aquella desde los orígenes, es decir, prácticamente sin un origen propio. Este existir *ab æterno* en la historia siciliana le confiere caracteres metahistóricos, al menos en cuanto no se puede traducir a términos lógicos. Tiene una lógica propia, que Sciascia nos expone como un hecho, no nos la explica. Más aún: acerca de tal lógica, el escritor se muestra reservado, cerrado y fatalista exactamente como uno de sus personajes (que Sciascia condena amargamente por ello, a pesar de tener el aire de ser muy consciente de no saber qué hacer). La mafia así entendida, como centro propulsor, como «motor inmóvil» de la historia siciliana, está enraizada en las conciencias individuales de los sicilianos (del conjunto de los cuales se forma esta historia firme y repetitiva), y es un elemento que modifica regularmente las psicologías individuales. No hay personaje de Sciascia que no tenga como pernio del comportamiento la categoría mental de la mafia y cuya piscología no haya sido inicialmente, y de una vez para siempre, determinada por ella.

No una es la información (excepto la filológica) que el «ensayista» Sciascia nos da sobre la mafia, ni hay en él un solo intento de interpretación. Abundan, en cambio —si algo puede abundar en escritor tan lacónico—, los corolarios, que sin embargo tienen el mismo aire ontológico e inanalizable de la noción primera de mafia de la que se generan. La enunciación de tales corolarios, como la de «mafia» (apenas cautamente insinuada, con el aire dolorosamente sabio y reservado con el que se habla en los funerales), se delega a los personajes. Ni una sola vez Sciascia habla directamente, en cuanto autor (he aquí la objetividad).

El lector acaba abrumado (con máxima discreción, pues al autor le resulta imposible permitirse un gesto que no sea delicado) con alusiones que acaban por responsabilizarlo de algo que, no obstante, está destinado *a priori* a que no pueda comprender nunca verdaderamente.

La racionalidad de Sciascia es, pues y en sustancia, ilusoria si ante el concepto central de su obra de escritor-ensayista (la mafia) se muestra tan irracional (exclusión apriorística, repito, de la posibilidad de informaciones reales y de una interpretación unitaria). Por otro lado, es también cierto que la irracionalidad no es algo elegido y querido por Sciascia.

Así pues, para entendernos, su comportamiento de escritor realista no puede ser más que racional, pero el tema que trata es, en sí mismo, no reducible a razón.

No sé si esto es objetivamente verdadero, o sea, si sobre la mafia no se pueden dar noticias que no sean susurradas o incompletas, si aquella no puede ser interpretada históricamente, y si es necesario ser siciliano para entenderla, al menos instintivamente, con un «conocimiento vivido». Pero esto es lo que se ve en los relatos de Sciascia.

De su reticencia —que acerca al autor a los personajes— deriva, en las historias que relata, un clima de incertidumbre, de incompletitud, de suspense que corre el riesgo (por la parte alta de la literatura) de tener aire metafísico y (por la parte baja) aire de comedia costumbrista. Incluso tras una lectura superficial, Sciascia se nos presenta como dubitativo y dividido, bajo la apariencia intacta de su escritura.

Para responder, en conclusión, a la pregunta que nos hemos hecho, la de por qué Sciascia ha adoptado como esquema estilístico la fusión de dos tradiciones diferentes de realismo, podríamos decir: Sciascia ha recurrido a esta estratagema porque, en realidad, ha comprendido que se puede expresar objetivamente una condición histórica y humana no racionalizada. De tal condición histórica y humana debería, pues, el autor contentarse con ofrecernos «objetivamente» la pura y simple existencialidad, según el viejo modelo de Verga.

No obstante, Sciascia no se limita a esto, no se rinde. Y se niega —de una vez por todas— a caer en la tentación de la «mímesis» para poder decirse, ante la conciencia, que ha intentado ir más allá del tema y juzgarlo explícitamente.

La severidad, casi hosca —incluso en los momentos en los que es cómica al estilo de Gógol—, de la escritura de Sciascia se debe, pues, al incesante esfuerzo de traducir las historias de una manera realista a otra, al ansia incesante de ennoblecer las historias vividas al hacerlas historias pensadas. No lo consigue, no lo puede conseguir, pero es lo que, al mismo tiempo, le da una fuerza indefinible a su estilo, cuando dramatiza los aspectos exteriormente tradicionalistas y escogidos.

XVI. GUIDO GOZZANO, *POESÍA*[48]

He leído de un tirón, en una mañana, los poemas de Gozzano. Como he acabado hace poco de leer el gran ensayo de Elias Canetti sobre las cartas de Kafka a Felice, no he podido evitar sobreponer las imágenes de los dos poetas jóvenes. Tienen algo en común: la ingratitud irritante hacia un sentimiento fuerte que han recibido al nacer como nacen todos los hombres: el amor a la mujer. Tenían también en común la enfermedad (aunque tuviera diferente nombre) con la que defendían los cuerpos, jóvenes pero enfermos, de los deberes impuestos por el sentimiento real hacia el otro sexo.

Para ambos, el «ser» es una «conversación consigo mismo» en la que debatir el problema de la propia impotencia, haciéndolo infinitamente complicado para poder tener, además, infinitas razones para justificarse. Se sabe que Gozzano está mucho más cerca de Leopardi, cuyo caso le sirve de

48 Firmado el 5 de agosto de 1973. Publicado en P. P. Pasolini, *Descrizioni di descrizioni* [1979] y tomado de P. P. Pasolini, *Saggi*... [2008:II, 1843-1848]; no se publicó en la edición española de 1997. En 1973 se publicaron varias ediciones de las *Poesie* de Guido Gozzano, en Turín por Einaudi y en Roma por Newton Compton. Pasolini se refiere a la primera, al cuidado de E. Sanguineti. Hay edición española de Gozzano traducida por J. Muñoz Rivas, Renacimiento, Sevilla, 2015.

paradigma y que él, en parte, como es su costumbre, copia. Por el contrario, Kafka «es» Leopardi. Así, Praga no es provincial, mientras que Turín sí lo es. Gozzano puede desdoblarse, incluso tener una vida mundana, asistir a las tertulias, ir de veraneo, etcétera. Kafka no puede hacerlo. La impotencia de Kafka es extremista, como decimos hoy. La de Gozzano tiene más posibilidades de ser afable, de coquetear con la integración o la vida mediana que no se conoce a sí misma. El resultado es una absoluta pureza lingüística en Kafka, el «pastiche» en Gozzano.

La poesía de Gozzano es completamente narrativa, incluso la de versos breves y de pequeña talla. Aunque no sea una historia verdadera la que relata, se trata siempre de una «escena» de la vida real. Cerrado el «libro», queda en el lector la impresión de un mundo técnicamente novelesco, más que poético. Son figuras y hechos que se extienden en el tiempo (subrayado por el hecho de que se trata, mayormente, de evocaciones) y están bien dispuestas, escénicamente, en el espacio. Los detalles, las descripciones del ambiente, los datos individuales son perfectos y concluyentes. Incluso desde el punto de vista psicológico: las figuras femeninas —aunque descritas en haikai, como en su modelo original y supremo, Pia dei Tolomei— se puntean exhaustivamente, son verdaderas figuras de relato en prosa. Utiliza mucho, como en las novelas, el pretérito imperfecto y el pretérito perfecto simple; el presente es, diríamos hoy, el de los guionistas.

Como narrador, Gozzano es un narrador naturalista precisamente por las características que he apuntado. El inicio de los cuentos, las referencias a la escenografía, la actitud psicológico-teatral es la fulmínea síntesis de una página narrativa del gran naturalismo del siglo XIX francés (o de la «escritura 1880» italiana). Las reconstrucciones ambientales de Gozzano se deben, sí, a su poética de las viejas buenas cosas de pésimo gusto, pero se deben sobre todo a la exigencia narrativa de corte naturalista, todo lo correcta que requiere el humorismo (pero nadie ha demostrado que el humorismo no pueda ser uno de los elementos estructurales del naturalismo).

En la prosa naturalista de Gozzano, el lirismo se inserta como momento culminante, como un efecto teatral, como en algunos párrafos de Flaubert, o en ciertos insertos bíblicos de Tolstói, no siempre de buen gusto; es más, a veces de pésimo gusto. Y el mal gusto, esta vez, en el caso de Gozzano se debe achacar al autor, no a los personajes. La Donna del Responso que al final de una larga confesión, por irónica que sea, del autor, le sugiere: «¿Por qué no os matáis?». O aquella, la Donna Fatale del Pattinaggio, que tras haber obligado al autor a patinar con ella sobre el hielo siniestramente frágil («En la orilla el hielo hizo cric, más tétrico… | En la orilla el hielo hizo cric, más sordo», como Pascoli), cuando el autor decide irse, le tiende «la mano breve, murmurando: "¡Vil!"», son, como se puede ver, verdaderas degeneraciones naturalistas (podría pensarse con obscenidad gozzaniana en Pitigrilli).

De que en el humorismo de Gozzano, al fin y al cabo muy anodino, hay un gusto por la parodia, sobre todo en las citas, no cabe duda. Pero no deja de ser solo un elemento, también este poco original, del humorismo. No es todo el humorismo y, sobre todo, no lo explica todo. Si en Gozzano hay parodia voluntaria, hay también parodia involuntaria. La cultura que parodiaba era en buena medida su cultura, y si esta era mala cultura es natural que el parodiador acabase parodiado. Niego, además, que sea una «operación» central en Gozzano la de utilizar lo «viejo» para evitar el envejecimiento, en el sentido de que un daguerrotipo envejece menos que el bronce (como es la esencia del «salamalecum» elogioso de la introducción de Sanguineti en esta su buena reedición). Lo viejo forma sencillamente parte de la reconstrucción escénica, del ambiente pequeñoburgués de las historias gozzanianas y, naturalmente, esta manera de utilizar lo viejo ha envejecido, se ha convertido en algo mezquino y maloliente, como toda la poesía de Gozzano. Este, cerrado el libro, aparece como un grumo informe y pequeño de dolor y degradación, sin gracia natural ni grandeza construida. La obsesión por el sexo femenino le quitó a Gozzano cualquier clase de homoerotismo, es decir, de verdadera fraternidad humana, y lo redujo —como bien sabía— a una especie de muñón, y el egoísmo que nace siempre de una enfermedad como la tisis contribuyó a determinar la «incompletitud» humana de este hombre, en otro orden de cosas, tan rico en pasión humana. Es el triste *pathos* de una pasión considerada inexpresable e irrealizable lo que reemplaza la poesía en un poeta, por lo demás, tan bueno.

Precisamente porque los poemas de *La via del rifugio* y de *I colloqui* —del libro único, en suma— son en realidad pequeños poemas narrativos, el conjunto se presenta un poco como si fuera un canto dantesco. Claro, claro, no hay orden, no se emiten condenas, no existe simetría, es un purgatorio informal y casual, con el fondo naturalista de la Turín de principios de siglo. Pero la referencia dantesca tiene razón de ser en la medida en que Gozzano es el más «dantesco» de los poetas italianos. Y precisamente porque no es un lírico sino un prosista, con ambición realista, aunque la corrija un humorismo que quisiera corroerla por completo. Dantescamente, Gozzano vierte en su libro, con funciones estructurales explícitas, toda su cultura, filosófica y literaria. Las citas directas e indirectas de dicha cultura componen la base del «pastiche» lingüístico. Que la suya era una floja cultura romántica y antirromántica —bajo el signo de Arturo y Federico (Arturo Schopenhauer y Federico Nietzsche)— sustancialmente no tiene importancia, su sentido es completamente diferente del que tiene la cultura teológica y prehumanista de Dante, pero el esquema es idéntico. Dantescamente, Gozzano embala, amasa, dispone y lo compone todo dentro de un molde rígidamente cerrado, no hay (después de Dante) un rimador más hábil que él, ni un inventor más desinhibido de rimas. Dantescamente, la «Comedia gozzaniana», al estar compuesta por tantas historias, pero al estar (al mismo tiempo) escrita en verso, no puede sino estar alimentada por un registro doble: el doble registro que Contini ha desvelado magistralmente en Dante. Se trata del registro lento, el del epígrafe esculpido en la lápida, y del registro veloz, casi melodramático.

El primero produce versos potentemente sintéticos que tienen, a la vez, la aureola de una resonancia inasible, indefinible, cósmica. El segundo produce el ritmo en el que dichos versos están insertados. Paradigmático, en este sentido, es el caso de Pia dei Tolomei: por un lado, es un epígrafe esculpido en el mármol; por el otro, y al mismo tiempo, es, en perspectiva, un breve relato.

Pocos poetas italianos tienen la capacidad de escribir versos sintéticos, que apresan, condensan, materializan y fijan tanta realidad —física o de pensamiento— como la que tiene Gozzano. Pocos, al mismo tiempo, tienen tal discursividad divagadora y tan fértil en detalles. Representación (mágicamente física) y fabulación (ostentosamente realista) coexisten en este poeta de expresión luciente, plana, concreta, hecha completamente de cultura.

Dantescamente, en definitiva, la «Comedia» de Gozzano tiene su razón de ser en su desarrollo real, en nuestra memoria

—como Contini apunta que sucede en la *Comedia*— «divina». Los acercamientos lingüísticos se producen no mediante la lectura del texto, sino a través de los continuos enfrentamientos entre la lectura actual y las lecturas precedentes, que han sedimentado en nosotros como un patrimonio cultural y vital del que somos bibliotecarios o, mejor dicho, el catálogo viviente.

La primera lectura, que nos da el «tiempo» real de las referencias que aparecen en el texto, se hace ante todo con una serie de puntos fijos, de fijaciones (la señorita Felicita, la *cocotte,* Totò Merùmeni, las buenas cosas de mal gusto, camisas-Nietzsche, «y a mí me gusta quien no me comprende», «el hermoso pelo corto | como un casquete rubio»), intuyéndose en una especie de repertorio que compone el breve, pero fulminante, libreto de la fortuna de Gozzano. De este libreto extrapolamos, como de Dante, una especie de saber proverbial, no solo de uso literario. Todo ello destinado a verterse en el análisis crítico de la obra gozzaniana, que por una parte lo determina rígidamente y por la otra le ofrece la posibilidad de redescubrir en aquella obra lo que no ha pasado, o ha pasado mal, al repertorio de la memoria. *Res communis omnium,* bien cultural común, Gozzano es difícilmente reducible a iniciador o modelo para posibles teorías o nuevos gustos literarios que quieran promover históricamente su propio ennoblecimiento. Los crepusculares, una generación posterior, no tienen ningún motivo para nombrar maestro o referente del movimiento a un poeta que no tiene nada que ver con el crepúsculo, a un poeta tan despiadado e incondicionalmente luminoso, tan incapaz de penumbras y de sombras.

XVII. ALESSANDRO MANZONI, *LOS NOVIOS*[49]

Los personajes de Manzoni se han convertido —más aún que los de Dante o Ariosto— en algo parecido a las cartas de la baraja: se reconocen por un detalle codificado y fijado para siempre mediante reglas aceptadas por todos involuntariamente. Se habla de «Lucia», de «don Abbondio», de «fra Cristoforo», del «Innominato» como si se barajara descuidadamente un mazo de cartas. No obstante, cada cual jerarquiza estas figuras según sus opiniones y sus gustos. Si hubiese de aceptar el juego, diría que, para mí, el mejor personaje de *Los novios* es Renzo, casi a la par con don Abbondio y Gertrude. Por el contrario, considero horribles —listos para un *Technicolor* americano de los años cincuenta— al cardenal Borromeo, a Innominato, fra Cristoforo y Lucia. La ligera preferencia que doy a Renzo sobre don Abbondio y Gertrude se basa en que aquel es una figura expresada por el «estilo cómico», y no cambia hasta las últimas páginas. Solo al final Renzo se convierte en «amo» y se enriquece aprovechando un bando del

49 Firmado el 26 de agosto de 1973. Publicado en P. P. Pasolini, *Descrizioni di descrizioni* [1979] y tomado de P. P. Pasolini, *Saggi*... [2008:II, 1861-1866]. En 1973 se publicaron en Italia alrededor de treinta ediciones de *I promessi sposi,* y de todos los tipos: abreviadas y escolares, comentadas y lujosas, ilustradas y divulgativas, autodenominadas científicas...

Gobierno que permite pagar poco a los trabajadores. ¡Y este sería el «final feliz» de la novela! Y aquí, en las últimas líneas, Renzo se vuelve odioso de repente, un hombrecillo práctico, un lombardo lleno de sentido común destinado a convertirse en moralista para defender sus posesiones, exactamente como aquellos que se aliaron con los cínicos poderosos que lo han perseguido. don Abbondio y Gertrude también pertenecen al área «cómica», pero su comicidad se hace evidente y toma cuerpo en el abismo del mal, lo que obliga a Manzoni a ser un poco hipócrita y jesuítico con ellos, a hacer un poco de manierismo moralista (los perdonamos, no los perdonamos...) y a bromear un poco con eso, no con demasiada convicción. La figura cómica de Renzo, en cambio, se hace evidente y toma cuerpo en la única zona neutra en la que se funda *Los novios:* una zona que no la definen ni el bien ni el mal, sino que es una mezcla de bien y de mal, una penumbra ambigua, un matiz eterno, es decir, el «ser» existencial o, mejor aún, la vida de diario, la cotidianeidad. La benévola comicidad, mezclada con este caos indefinible e inconexo que es la vida, hace de Renzo una figura extraordinariamente poética.

Pero hay más. Manzoni tuvo trágicas relaciones con sus padres, especialmente con la madre, que lo obligaron a (entre otras cosas) pasar muchos años en un internado. Es sencillo para nosotros, los que venimos después, lectores de Freud, analizar la consecuente neurosis que se caracteriza por la eterna clase de complejo frente al sexo femenino (los vértigos que sentía, sentado en una silla aislada, son síntomas de «consultorio»). Esto no podía más que llevarlo a cristalizar la feminidad, condición sin la cual le hubiera sido imposible pensar en tener relaciones sexuales. También la cristalización de la feminidad tiene caracteres esquemáticos, clásicos, de «laboratorio»: por un lado, la mujer cristaliza en Gertrude, la pecadora que debe ser evitada y mantener alejada con horror (además, para simplificar un posible caso de mala conciencia, es monja y su hábito es una barrera, completamente insalvable y erigida por la censura); por el otro lado, la mujer se cristaliza en Lucia, la imagen inmaculada de la madre joven que no puede —era inconcebible— tener relaciones con un hombre (aquí también la censura, además de una serie de impedimentos que constituyen la trama de la novela, levanta un muro bendecido con todos los santos óleos imaginables: el voto de castidad). Para acompañar una relación tan compleja y complicada con el sexo femenino —como siempre en estos casos— no podía faltar una cierta tendencia, inconsciente y completamente irrealizada, digámoslo, a la homosexualidad. La vida sexual, dice Freud, no es un río que corre plácido en su lecho, sino que es un remolino de líquido viscoso que se esconde en ramales y pozos y que solo tras largo esfuerzo consigue llegar a la desembocadura.

La homosexualidad de Manzoni era, evidentemente, uno de esos ramales secundarios, de esos pozos, pero es el detalle que teje el denso cruce de los personajes de *Los novios:* don Rodrigo con sus «bravos», don Rodrigo y Griso, don Rodrigo y el primo, el cardenal Borromeo y el Innominato, por citar solo los primeros que se recuerdan. Pero si el lector relee *Los novios* desde este punto de vista verá que, una vez dado alto rango y puesta en un altar la relación de amor hombre-mujer, todas las relaciones que configuran la estructura del libro se caracterizan por una extraña intensidad (fraternidad u odio) homoerótica que,[50] por lo demás, es natural y se encuentra en todos los grandes novelistas. Pero *Los novios,* además, crea la figura de Renzo. Renzo es una proyección nostálgica de Manzoni, una figura de

50 En 2023, Penguin reeditó en castellano *Los novios,* E. Benítez (tr.); para que no hubiera dudas, en la imagen de la cubierta se besan un hombre y una mujer.

padre-hijo como él no fue nunca, y nunca podría haber sido, una posibilidad perdida para siempre en este mundo. Renzo es el símbolo de la salud y de la integridad. Este amor por la juventud sólida y bien plantada de Renzo, joven sin problemas, hace que la relación entre Manzoni y su personaje sea siempre poética. Las páginas en las que Manzoni habla de Renzo trasparentan lo real, se confunden con lo real, tienen la plenitud de lo real, e incluso su sustancial ligereza. La relación entre Manzoni y Renzo recuerda en algo a la que tiene Iván Ilich —en el cuento de Tolstói— con su joven campesino: el rico amo enfermo encontraba alivio a su mal solo cuando estaba presente un joven, un sirviente (pero divinamente sano, rústico y joven y, por tanto, libre y sin amo, inasible, «otro»). En los peores momentos de la enfermedad (posiblemente cáncer), Iván Ilich mandaba llamar a su habitación al joven y le apoyaba en los hombros las piernas; en esta posición se sentía mejor y se ilusionaba con la idea de curarse. Estoy convencido de que Manzoni sentía lo mismo cuando redactaba la versión novelada de Renzo.

El lector se habrá dado cuenta de que estas páginas no son de crítica literaria, sino que son simplemente discursos más o menos brillantes sobre algo de lo que les gusta hablar, a menudo, a los italianos que han pasado por el instituto. De hecho, el pretexto para este discurso es una edición popular de *I promessi sposi* al cuidado de Davide Lajolo; este, además de haber prologado el texto con una enérgica invitación a la relectura, ha tenido la extravagante y sorprendente idea de recoger testimonios manzonianos de algunos de sus colegas parlamentarios, de todos los partidos.[51] Les ha hecho tres preguntas

51 Se trata de la edición de A. Manzoni, *I promessi sposi*, D. Lajolo (ed.), Casa Editrice Colombo, Roma, 1973. Lajolo fue parlamentario italiano entre 1963 y 1972, siempre como miembro del PCI.

atípicas: 1) cuándo leyeron por primera vez *Los novios* y qué impresión les causó; 2) qué personaje les impresionó más en aquel entonces y, si hoy, es el mismo; 3) cuál es el mensaje más importante que quiso dar Manzoni.

Los veinticuatro parlamentarios que han respondido a las preguntas lo han hecho con diligencia y sinceridad. De los veinticuatro, diez (incluido el presidente de la República, Giovanni Leone) dicen que prefirieron a fra Cristoforo (siete, sin dudarlo; tres —Gonella, La Malfa, Luberti— en compañía de otros personajes); seis prefirieron a Innominato (pero Gonella y La Malfa, como hemos visto, con la alternativa de fra Cristoforo); tres, a la monja de Monza (pero también a otros); dos, a Renzo; dos (pero uno, Pieraccini, añadió otros «candidatos»), a don Abbondio; uno eligió al cardenal Borromeo (se trata de Andreotti); por último, uno (se trata de Preti) al binomio don Rodrigo y conde Attilio («porque encarnaban maravillosamente la nobleza de la época»).

Con expresiones casi cómicas (hay excepciones: Malagodi y Terracini), los parlamentarios se regodean de haber leído a Manzoni en la escuela, en los bancos (qué pena las aulas de aquellas escuelas perdidas en un mundo estúpido e ignorante a más no poder, por los interpelados, con pomposa modestia, convertido en mito).

Por lo que respecta a lo que interpretaron los parlamentarios en *Los novios,* son todos de estricta observancia católica: apresados al pie de la letra por el texto manzoniano y llevados a su originaria banalidad y ferocidad pequeñoburguesa (excepción son, al menos en apariencia, los parlamentarios de izquierdas).

A ninguno se le ha pasado ni por asomo por la cabeza que Manzoni es, en realidad, una de las apariencias históricas que ha tomado el Anticristo: nada hay más estilísticamente contrario al Evangelio que el humorismo. Cristo no era bonachón ni chistoso (tampoco, naturalmente, sentimental). Pero pretender esto de nuestros parlamentarios (vistas las respuestas que han dado) sería demasiado.

Es sabido el abismo que separa la cultura real de la idea que tienen de ella, por término medio, los parlamentarios. Tienen estos, por regla general, estudios de Derecho, y al pasar de su campo a otro —cercano, pero de naturaleza muy diferente—, de la literatura acarrean un hábito formal y social que, en el momento en que apriorística y españolamente gratifica la obra de arte con todo posible privilegio, la limita a lo que públicamente vale, en una monstruosa mezcolanza de idealismo y utilitarismo. Cuentan solo los valores afirmados en una sociedad burguesa media; es decir, cuenta en realidad solo la mayor alienación posible. Si los abogados-parlamentarios salieran de esta relación con la obra de arte tal y como la ve la burguesía (cuya admiración por tal obra es una manera de librarse de ella), ello iría en detrimento de la popularidad.

La primera preocupación de un parlamentario es, en efecto, mantener la popularidad. Todo lo que podría ser impopular lo expulsa de su campo lógico y verbal. No lo hacen aposta, es un instinto. «Se debe» elegir a fra Cristoforo o a Innominato (o incluso, como hace Andreotti, la figura viscosa de santito que es el cardenal Borromeo); «se debe», porque si no se hace se corre el riesgo de caer en la impopularidad. Por otro lado, estoy seguro de que quienes han elegido a fra Cristoforo, a Innominato o al cardenal Borromeo lo han hecho sinceramente, aunque quizá con mal disimulada satisfacción al comprobar que su sinceridad coincidía con la elección demagógica de la popularidad. Estoy convencido de que fra Cristoforo ha sido sinceramente, para muchos parlamentarios —cuando hicieron de monaguillos—, una imagen superior de aquel tipo de guía espiritual que, más allá de *Los novios,* se predicaba con éxito mucho menor. Pero es esta sinceridad lo que da miedo. La sinceridad individual con la que un niño toma decisiones en un contexto insincero —en cuanto ortodoxo, conformista, moralista— es el verdadero peligro. Si en verdad Andreotti creyese con menos sinceridad en la santidad de Borromeo, sería, como hombre en el poder, menos peligroso y más hábil que cuanto quiere su fama. Por desgracia, el poder nunca es completamente cínico, está contaminado siempre con formas (¡sinceras!) de fanatismo. Sobre todo, el conocido como cinismo católico.

Es cierto que el nuevo tipo de poder se presenta cínico de cara a las ideologías y a las religiones que han triunfado hasta ahora, pero quienes todavía, en concreto, lo representan son tolerados por aquellos y puestos a guerrear viejas batallas, a aplicar viejas represiones en detrimento de adversarios igual de viejos que ellos, porque incluso la literatura es un viejo valor con el que el nuevo poder no sabe qué hacer.

XVIII. ALBERTO MORAVIA, *OTRA VIDA*[52]

Como los cuentos de *Las mil y una noches,* los cuentos de Alberto Moravia nacen de una anomalía del destino que el autor no juzga, sino que se limita a enunciar y a representar. Solo insensible e implícitamente tal anomalía acaba adscrita a un significado simbólico.

El «destino» de *Las mil y una noches* es el de una civilización religioso-feudal en la que el pueblo impone a la clase dominante, a la que pertenece el narrador, su actitud frente a la realidad. Para Moravia, en cambio, el destino es el de la civilización pequeñoburguesa italiana. Como el autor de *Las mil y una noches,* aquel no se plantea ni siquiera cuestionar el destino, es el único que conoce. Su única intervención —llevada a cabo con extrema delicadeza, con la delicadeza impersonal que caracteriza al narrador de *Las mil y una noches*— consiste en transferir insensiblemente, sin que el lector lo advierta, la anomalía del destino y sus consecuencias a otro orden

52 Firmado el 28 de octubre de 1973. Publicado en P. P. Pasolini, *Descrizioni di descrizioni* [1979] y tomado de P. P. Pasolini, *Saggi…* [2008:II, 1921-1930]; no se publicó en la edición española de 1997. El libro reseñado en A. Moravia, *Un'altra vita,* Bompiani, Milán, 1973; en castellano, *Otra vida,* J. Moreno (tr.), Plaza & Janés, Barcelona, 1975, varias veces reimpreso.

expresivo: uno, como decía, simbólico y metafórico, es decir, estrictamente intelectual. Probablemente se trate del fin de un ciclo: la anomalía del destino de la que nacen los cuentos de Moravia se inventa a partir de una tesis y es la concreción representativa, viviente y fantástica de esta. Moravia se distingue del fabulador puro en que «toma del destino» las anomalías que tiene, no «se las atribuye» para demostrar, en una página narrativa en lugar de ensayística, una tesis o una interpretación de la realidad propias. El fabulador puro contempla y representa «el juego de la realidad» que a través de las anomalías compromete las propias reglas con la proliferación de secuencias infinitas de hechos significantes. El narrador Moravia, en cambio —como veremos con detalle—, «juega con la realidad» imponiéndole anomalías calculadas para llevarla a una crisis.

El fabulador puro sabe que la mente que administra los hechos y los acontecimientos humanos es impotente a la hora de explicar las anomalías que tiene: estas siguen siendo inexplicables, como para hacer más explicable y racional todo lo demás, o sea, la regla material y moral de la vida. Moravia hace lo contrario: a través de la anomalía hace explicable y racional —aunque del derecho al revés— todo lo demás.

«Todo en orden» es el fulminante inicio del cuento *Famosa,* que podría ser el comienzo de todos los cuentos moravianos: todo está en orden, es decir, todo obedece a las normas del destino pequeñoburgués italiano. Pero he aquí que, por lo general nacida de la nada, ontológica, aislada, pura y simple comunicación de un hecho, casi banal, se anuncia la anomalía. Si todo siguiese en orden no habría nada que contar, pero la anomalía ocasiona el cuento.

Tomemos el caso más sencillo, elemental, de laboratorio: el cuento *Viaje de novios.* Una joven se acaba de casar y tiene previsto viajar con su marido a India de luna de miel. Los dos jóvenes esperan en casa la hora de ir al aeropuerto a coger el avión. Pero la joven, apenas y burguesamente casada —sin razón alguna, ontológicamente, por culpa de una mecánica no explicada de su carácter—, piensa de repente que quiere ir sola a India, y hacerlo «precisamente» porque no lo quiere («Es necesario hacer "precisamente" las cosas porque no se desea hacerlas»). Esta es la anomalía. Con ella se desmonta el orden normal de las cosas y nace después el cuento: un viaje de ida y vuelta a Calcuta. Tal relato es visionario porque nace de una razón irrazonable, lleva dentro —y lo determina estructuralmente— el hecho inicial del que parte: la anomalía, con su arbitrariedad, produce el sueño y transforma la lógica de la realidad en delirio. Delirio sin grandeza, pues quien lo vive es siempre una persona marcada definitivamente por su destino pequeñoburgués que la hará mezquina, utilitarista, reductiva, restringida, prosaica, frígida, dueña de sí, cínica y realista. En esto, Moravia parece que casi se complazca, y copia la actitud de un personaje así compuesto en el lenguaje impersonal, distanciado, sin jamás una emoción o un error lúcido y exacto. El esquema del cuento *Viaje de novios* es, repito, de una sencillez elemental: 1) anomalía, 2) relato consiguiente. Pero este esquema, tan espléndidamente sencillo, el único relato que lo aprovecha es, precisamente, *Viaje de novios.* En los demás cuentos, las cosas son más complicadas.

Antes que nada, la anomalía no es nunca elemental ni consiste, por así decirlo, en un único elemento. Se subdivide en una «serie» de anomalías menores cuya concatenación lleva a la anomalía al punto culminante, determinando así el cuento. No siempre este momento culminante de la anomalía —o la anomalía en sí— se encuentra al final de la «serie», y no siempre se encuentra al comienzo (aunque estos son los casos más frecuentes): su posición en la serie es inestable. La fantasía de Moravia es en estos casos extraordinariamente variada. Y no solo: mientras que, por regla general, los cuentos comienzan con un «preámbulo» (así lo llama el autor a través del personaje femenino que narra los cuentos) en el que Moravia mezcla la cadena irregular de las combinaciones que llevan a la anomalía, muchas veces sucede, en cambio, que la cadena de la anomalía se distribuye por el cuerpo del cuento. Otras veces, además, la serie de las combinaciones anómalas provoca un relato que a su vez produce una nueva serie de combinaciones anómalas que llevan a un «renacer» del relato. Pero todas estas no son más que variantes de una misma estructura. Insertadas en el cuento hay siempre dos o tres «descripciones» (paisajes o figuras físicas de personajes). También las descripciones tienen una disposición variable (aunque lo más frecuente sean dos «descripciones», una al comienzo del relato, tras el preámbulo, y otra hacia la mitad). Otras veces, tales «descripciones» cumplen la función de elementos «redundantes» o «retardadores».

Veamos algunos ejemplos.

El cuento *Singular plural.* Preámbulo rápido, ni siquiera una página, en el que la cadena de las combinaciones está literalmente enlazada según este orden: 1) soy una mujer reservada que no comunica sus pensamientos, 2) por el contrario, a mi marido le gusta hablar cuanto a mí me gusta escuchar, 3) la manera de comunicar que tiene mi marido, un intelectual que no escribe, consiste en transformar los hechos concretos en conceptos abstractos, 4) sigue la verdadera anomalía: mi marido habla siempre en «plural» (o sea, hace genéricos) de hechos que le suceden naturalmente en singular (o sea, en concreto). Sigue un ejemplo que incluye una esencial y espléndida «descripción» de un día de lluvia (el marido, en lugar de hablar de «este» arcoíris, habla «de los» arcoíris). Empieza entonces el cuento de verdad, que consiste en una crisis en la relación entre la mujer silenciosa y realista y el marido locuaz y abstracto: el consiguiente enfrentamiento acaba con una victoria formal de la mujer, que hace consciente al marido de su defecto, pero que no consigue que cambie.

Cuento *Raptada.* 1) Me levanto sobresaltada en una oscuridad que noto extraña; 2) en la oscuridad, un hombre desconocido duerme a mi lado (anomalía), 3) luego quiere decir que me han traído aquí contra mi voluntad (probablemente secuestrada y violada). Parte de aquí el cuento, que consiste en tres largas «descripciones» del despertar y de los primeros movimientos en una casa extraña y atrozmente anónima, en un lento recuperar la identidad perdida.

Cuento *Gemelos en Nepal.* Esta vez no hay preámbulo o elenco encadenado de las circunstancias anómalas, sino directamente una primera parte del cuento en la que «todo está en orden» (la vigilia de un matrimonio burgués entre una joven de familia bien y un joven de buena familia). Solo entonces aparecen las circunstancias anómalas: 1) yo, normal joven burguesa, tengo un hermano gemelo (y hasta aquí la anomalía relativa), 2) pero, mientras que yo soy una buena burguesa, él, el gemelo, es un encendido contestatario. De aquí parte el cuento: el gemelo convence a la velocidad de la luz a la hermana para que lo imite, para que abandone la vida burguesa y el vivir promiscuamente, para que acabe, según el mandato *hippie,* en Nepal, etcétera, donde él morirá y desde donde ella volverá a Roma —como se sale de un sueño— a la vida burguesa y al matrimonio.

Los esquemas de estos tres cuentos son bastante típicos y pueden ser correctamente tomados como ejemplares.

He dicho al principio que Moravia transforma en el curso del cuento la anomalía existencial, y los hechos existenciales en que deriva aquella, en un símbolo o en una metáfora conceptual (preexistentes al cuento). Así, en *Viaje de novios, Singular plural, Raptada, Gemelos en Nepal* y en las demás historias, hay un momento en que la anomalía, y la situación narrativa que produce, se transforman en símbolo (dando así un sentido no existencial sino ideológico al cuento). En *Viaje de novios,* el cambio de parecer de la novia que hace el viaje a India sola (transformándolo en una visión) es el «símbolo» del poder del inconsciente que da a la realidad los contornos nuevos e inexplicables del «lugar nuevo». En *Singular plural,* se trata del enfrentamiento irreparable entre dos maneras diferentes de ver la realidad, una formalmente realista, la otra fanáticamente ideológica; en *Raptada,* se trata de la alienación que, según la máxima «la vida es sueño», exige una readaptación atroz; en *Gemelos en Nepal,* se trata de la abulia que hace pasar con indiferencia de una situación existencial a otra, como si ninguna de las dos existiera.

El momento en que se produce la metamorfosis conceptual de la fabulación es indefinible. Por lo general aparece, sencillamente, sugerido, y por eso ocurre en la cabeza del lector, pero la sugerencia, a menudo, es casi explícita, y entonces se puede encontrar rastro en el texto, poco antes del final, prácticamente en el punto final. Entre la anomalía en sentido existencial, pragmático, y la anomalía en cuanto símbolo o metáfora hay un paso —implícito o explícito— por sustracción o por acumulación, que se coloca en un hiato o suspensión ideal del relato.

Individuar este paso es el punto fundamental para comprender críticamente estos cuentos de Moravia. Pero no es difícil, si se analizan más a fondo los elementos recurrentes, la forma de la anomalía. Haya sido puesta antes del cuento que genera o en el cuerpo del relato, es siempre «enunciada» y los caracteres de la «enunciación» son el arbitrio, la provocación, la simplificación, la no seriedad, la desenvoltura, el mecanicismo, lo ilógico desdramatizado, la falta de necesidad de explicaciones (las cosas son así, y basta), etcétera, que Moravia atribuye al personaje narrador, pero que en realidad forman parte de su estilo (aunque esté en un nivel intelectual diferente al del personaje). Pero lo que caracteriza de manera particular la enunciación de la situación anómala es la rapidez fulmínea con la que aparece. Comienza casi siempre «de sobresalto» con un despertar brusco o con una decisión tomada de manera repentina, completa y perfecta, en las tinieblas del instinto. Aparece, en definitiva, de la nada.

Estas características de la anomalía inaugural hacen que esta revele sin reserva su función de pretexto, por tanto —en la consiguiente ironía hacia sí misma— su carácter de juego. En definitiva, no se trata exactamente de una anomalía, sino de una extravagancia.

Si esta, como hemos visto, no solo produce sino que incluso determina formalmente el relato al dar a los hechos contados carácter de sueño (algo que no está al alcance del destino, «de la normalidad»), esto no sucede ni de manera trágica (el estado anómalo en el que se encuentra el personaje no se presenta como penosamente desviante o degradante) ni al buen tuntún (como en las fabulaciones del tipo *Las mil y una noches*). La extravagancia es una anomalía que no se toma en serio. No obstante, hemos visto que son muy serios los temas de los que las anomalías iniciales de los cuentos de Moravia son metáfora. Por tanto, la falta de seriedad de la extravagancia que provoca tales cuentos ideológicamente serios arroja sobre ellos una luz equívoca y burlona.

Podríamos, llegados a este punto, proponer el siguiente esquema esencial: extravagancia inicial, cuerpo del relato de carácter realista, hiato que contiene la metaforización del cuento, desenlace final lleno de sentido.

El «hiato» que hay entre el relato y su traslado a metáfora está lleno, pues, del carácter extravagante de la anomalía inicial que la genera. Por ejemplo, en *Gemelos en Nepal,* que la protagonista tenga un hermano gemelo que piensa de manera diametralmente opuesta, y que en un santiamén la convierta en contestataria, es una premisa anómala «bizarra». Esta extravagancia conforma el cuento que se deriva: ni la vida burguesa de la gemela ni la furia contestataria del gemelo —precisamente a causa de la premisa— pueden ser vistas y representadas seriamente.

Obedecer a la voluntad del inconsciente contra la propia voluntad consciente *(Viaje de novios),* la confrontación de dos métodos diametralmente opuestos de interpretar la realidad *(Singular plural),* la pérdida de identidad y el consecuente readaptarse a una realidad que no podrá perder nunca, empero, las características de la pesadilla *(Raptada),* son detalles ideológicos muy serios.

Pero que tengan forma de cuento partiendo de una premisa extravagante les quita (al menos aparente o técnicamente) seriedad. Por tanto, el cuento que sigue es cómico.

Extraña comicidad. Moravia no adopta ninguno de los procedimientos típicos del «estilo cómico»: ni la lengua corpulenta y mimética, ni amenidades dialectales, ni estilos indirectos libres, nada de pastiche, ni escatología, ni jerga, ni suspensiones del sentido, ni verborrea irracional y onírica, ni formas del equívoco o *qui pro quo* lingüísticos, etcétera. El único elemento tradicional que se mantiene en el «estilo cómico» de Moravia es el realismo. No hay duda de que sus cuentos —el centro narrativo de los mismos— son cuentos realistas. Las informaciones sobre personajes (edad, identidad, compañías) son siempre perfectamente exactas. Y también las descripciones de sus acciones y de los lugares en los que las llevan a cabo. El mayor esfuerzo de la «escritura» de Moravia es decir exactamente las cosas como son y, si acaso, el realismo es superado a veces por exceso (véanse, por ejemplo, algunas descripciones nocturnas de las calles de Roma, con las infinitas colas de automóviles aparcadas en batería, etcétera).

Todo lo que es concreto en Moravia es realista: cosas, objetos, paisajes, personas. Y si la poesía no puede actuarse sino en lo concreto, hay que decir, por consiguiente, que si Moravia es poeta lo es gracias a su realismo.

Si no fuera porque todo el esfuerzo y la tensión intelectual de Moravia tiene un único y exclusivo escopo: demostrar la inexistencia de la realidad.

En los ejemplos que hemos visto, en *Viaje de novios,* la realidad es un delirio, y queda escondida a quien la vive, como un sueño que tiene una única explicación de cábala (el «lago Van» que la novia en fuga ve en duermevela desde el avión). En *Singular plural,* la interpretación existencial de la realidad y la ideológica se eliden mutuamente, por lo que la realidad queda irreconocible y convierte en vana cháchara la jerga de los métodos interpretativos. En *Raptada,* la realidad se pierde, primero, y luego se recupera con la forma de la irrealidad. En *Gemelos en Nepal,* dos maneras diferentes de vivir la realidad se hacen mutuamente insostenibles, absurdas, delirantes.

En todo el libro —además de los cuentos tomados como ejemplo—, junto al motivo del «sobresalto» en el que se manifiesta la circunstancia o decisión anómala, los motivos centrales (repetida y explícitamente reiterados) son los del «aquí y ahora» —garantía de concreción— y el del «ya visto, ya vivido», que anula y elude la concreción.

Naturalmente, por muy racional y realistamente que Moravia intente demostrar la inexistencia de la realidad, no lo consigue.

Lo consigue solo en parte, lo suficiente para quitarle a la realidad cualquier valor. En lo que en el esquema hemos llamado «desenlace final lleno de sentido» (la máquina narrativa de Moravia es demasiado perfecta para no tenernos suspendidos hasta la última palabra), en una especie de «moraleja» entre enigmática y fatua (solo una o dos son las excepciones de carácter, por cuanto lo consienta el *self-control* moraviano, trágico), resulta siempre que: a) el aspecto exterior de la realidad es el miserable orden burgués, b) su sustancia (revelada por mínimos elementos de desorden) es algo informe, inconsistente, vacío. Los pretextos para relacionarse con tal realidad profunda son infinitos, pero, sean tradicionales o actuales (como el feminismo o la protesta), no son más que pretextos. La única relación válida es aquella absolutamente no «pretextual» de una razón perfectamente laica, desinteresada por todo, la cual no puede sino estar atenta sea a la objetividad del orden burgués, sea a la objetividad «misteriosa» que se puede intuir dentro de ella (con sarcástica compasión, con fría ligereza).

El sentido de los cuentos de este gran narrador —que es justo considerar el más realista de los narradores italianos— es pura y simplemente mofarse de la realidad.

XIX. HANS MAGNUS ENZENSBERGER, *EL CORTO VERANO DE LA ANARQUÍA*[53]

Creo que el editor que publica esta traducción intenta lanzar el libro en prosa del poeta Enzensberger, *El corto verano de la anarquía,* presentándolo como perteneciente al área neovanguardista-izquierdista.

No hay duda de que el libro es un *collage* (de acuerdo con los *desiderata* editoriales), pero la palabra *collage* traiciona el significado del libro porque el uso le ha dado a la palabra, desde hace tiempo, una cierta fatuidad, irreverencia y parodia que son los rígidos cánones de una moda con la que Enzensberger no tiene nada que ver (aunque la conozca).

El libro nace, en realidad, muy modestamente, de una cuestión de trabajo. El «Tercer Programa» de la Westdeutsche Rundfunk de Colonia encargó en la primavera de 1972 un programa de radio sobre el anarquista español Buenaventura Durruti. Enzensberger se puso al trabajo con todo su empeño y con la modestia de los hombres verdaderamente

53 Firmado el 25 de noviembre de 1973. Publicado en P. P. Pasolini, *Descrizioni di descrizioni* [1979] y tomado de P. P. Pasolini, *Saggi…* [2008:II, 1937-1943]. La edición italiana se tituló *La breve estate dell'anarchia. Vita e morte di Buenaventura Durruti,* R. Pedio (tr.), Feltrinelli, Milán, 1973. Hay edición española, *El corto verano de la anarquía,* J. Forcat (tr.), Anagrama, Barcelona, 2006.

ambiciosos. Ha consultado una infinita serie de documentos en el Instituto Internacional de Historia de Ámsterdam, ha conversado con los más competentes en la materia, Ángel Montoto y Luis Romero; finalmente, ha ido a entrevistar, con la cámara al hombro, a decenas y decenas de testigos: compañeros de lucha de Durruti, políticos, periodistas, conocidos casuales pero presentes en momentos importantes, amigos de la infancia.

De este modo, Enzensberger ha recogido un material presumiblemente enorme. Con paciencia semejante a la modestia, lo ha seleccionado, elegido los fragmentos (que van desde unas pocas líneas a páginas enteras) que le parecían relevantes, y ha dispuesto los testimonios según una sucesión cronológica, desde la infancia de Durruti hasta su muerte.

Enzensberger interviene en primera persona pocas veces, en una serie de «glosas» en cursiva colocadas entre un periodo y otro de la vida de Durruti (que coinciden con los periodos históricos de la revuelta anarquista, del comunismo libertario y de la Guerra Civil española). Las intervenciones de Enzensberger en el libro obedecen, no obstante, a las mismas leyes a las que obedecen los testimonios del llamado *«collage»*, es decir, a la estricta función informativa y objetiva de la exposición de los hechos. Enzensberger «autor» se muestra apenas un poco en la primera glosa, metalingüística, sobre la construcción del libro, y en la última («Sobre el envejecimiento de la revolución»), en la que con breves pinceladas esenciales describe a las personas —envejecidas hoy— que han explicado en varias ocasiones lo que vivieron con Durruti cuando eran jóvenes, por lo que en el libro se han convertido en personajes. Las breves pinceladas con las que Enzensberger las describe consiguen ser conmovedoras. La verdadera capacidad de «escritor» de Enzensberger, empero, se manifiesta de otra manera, como veremos. Lo que interesa en primer lugar es ver este libro como lo que es, más allá (como pretende) del autor, que se presenta como puro trámite en un libro que nace por sí mismo.

Ante todo, esta «historia de Durruti» es un paradigma. No habría tenido sentido hoy más que para unos pocos especialistas (los historiadores o algunos políticos) si en 1968 no se hubieran manifestado en Europa (quizá especialmente en Alemania) casos de lucha política en cierto sentido análoga a la de Durruti: anarquía, comunismo libertario, Bakunin mejor que Marx, intransigencia, extremismo, necesidad de violencia y de regicidio, nueva forma existencial de estar en el mundo y de comportarse, confianza en el Advenimiento inminente, identificación del momento histórico con una especie de exaltante Vigilia).

Al mismo tiempo, no obstante, el «paradigma» de Durruti es un «paradigma negativo», que pone en jaque las repeticiones actuales. Durruti es un obrero (ferroviario y mecánico) nacido en una familia proletaria —o mejor aún, lumpemproletaria— de León. Es casi analfabeto y, por tanto, autodidacta, todo lo que es psicológica y fisiológicamente se lo debe (y es popular) a la madre y al padre, que son pobres, a la pobre alimentación, a un universo cultural pobre. No hay en él, nunca, en ningún caso, nada burgués, ni siquiera por mimetismo, cuando se hace adulto. Cosa característica de los pobres, Durruti no envejece, sigue siendo un chaval. Ignora, pues, la «dignidad» que el adulto burgués reclama para sí y defiende con uñas y dientes, porque es el aspecto que cree auténtico de la «falsa idea de sí mismo» que sospecha tener. En cuanto «pobre» —defensor de la gran dignidad del hombre, y no de la personal y social del pequeñoburgués—, Durruti nutrió durante toda la vida altos sentimientos no retóricos.

Por ejemplo: tuvo un gran respeto por la cultura, que es una gran conquista para los pobres, quienes no se acercan nunca a la sádica violencia contra la cultura que practican los pequeñoburgueses que la han tenido como privilegio. El amor por la cultura producida por el hombre incluso en momentos históricos y políticos injustos, e incluso infames, hace de Durruti un hombre sustancialmente culto. Nunca fue un manipulador de «subcultura». Por eso digo que su paradigma es negativo respecto al anarquismo y al comunismo (marxista o no marxista) de los años sesenta, que fueron una orgía de subcultura o de rabia anticultural pequeñoburguesa.

Durruti se encontró, en la larga lucha que empezó cuando era apenas un chaval y acabó con la muerte en 1936 en Madrid, frente a todos los problemas irresolubles que los anarquistas se formulan mediante la declaración de sus principios. Un problema resuelto implica de hecho una victoria de la realidad, es decir, un compromiso con una forma de poder. Uno a uno, Durruti debió afrontar esos problemas que no podía creer que iba a resolver a no ser que abandonara el rigor. Pero, en este sentido, parece que no fue nunca un fanático. La violencia ha acabado por silenciar la no violencia, la necesidad de disciplina ha obligado a la «indisciplina organizada» a adaptarse a las exigencias de la guerra. La improrrogable alianza con la socialdemocracia y los comunistas de la República antifascista pudo atenuar la mortificación del pacto solo mediante la reserva, mantenida *in pectore,* de una revolución posterior y total. Era la acción lo que absorbía estas contradicciones y consentía el demorar la solución. Así, la acción no debía acabar nunca.

A través de los testimonios de sus camaradas y de los periodistas (entre ellos Iliá Ehrenburg y el testimonio emocionante de Simone Weil), Durruti pasa de una acción a otra, y mantiene en el corazón algo parecido a una reserva destinada a seguir intacta, toda forma posible contemplativa de cultura o de existencia.

En el libro solo hay dos testimonios de la parte contraria: un periodista y una agencia de noticias, ambos fascistas. Así, la figura de Durruti se nos muestra, siempre, positivamente; es más, muy positivamente. Si aparece un tímido parecer crítico contra él, se trata del punto de vista de quien combate su misma lucha, en sus filas, pero que (en determinadas circunstancias) piensa de manera diferente. Sin embargo, entre líneas, se aprecia la presencia de una crítica más áspera (sobre todo por parte de los comunistas) y naturalmente una condena feroz (por parte de los fascistas).

Sobrevuela sobre su figura un tono siniestro (no dicho de manera explícita en los testimonios que recoge Enzensberger): la mecánica del asesinato y el genocidio políticos. Matar —en la jerga de los testigos, todos de su bando— se decía «limpiar». Y algunas «limpiezas» de Durruti y de sus camaradas ponen la piel de gallina. En los milicianos había algo de los falangistas. Hay que decir esta fácil verdad para intentar decir toda la verdad.

La presencia de Enzensberger no solo como compilador del libro, sino también como verdadero redactor que, aunque no escriba directamente, dispone (de acuerdo con la diabólica habilidad del escritor) la escritura ajena, aparece por haber hecho de este libro «partidista», sectaria y generosamente partidista, un libro en que se respira toda la verdad.

En este sentido, Enzensberger ha dado una verdadera lección a los historiadores profesionales, ha inaugurado (incluso) un método historiográfico (¡nada de *collage*!). La historia no puede ser entendida ni con la pulverización —entendida como cantidad infinita de información— ni con las piedras basilares, esquemas o hechos remarcables. La historia puede ser comprendida solo si se interroga desinteresadamente y sin un fin. Objeto perfecto de tal interrogación es el libro de Hans Magnus Enzensberger.

La calidad literaria de Enzensberger aparece también de manera sutil y específica. Es decir, gracias a la disposición que ha hecho de los testimonios, en los que una «gradualidad» de gran calidad dramática predomina sobre la «sucesión» cronológica. Durante las primeras setenta u ochenta páginas, Durruti, aunque se hable solo de él, no aparece, es solo *flatus vocis,* tiene la labilidad de las figuras secundarias en los sueños. Luego, poco a poco, empieza a hacerse presente a través de los testimonios, pero de manera apriorística, o sea, como si el lector estuviese ya completamente informado acerca del personaje: el ser es siempre un aparecer (no en vano quienes lo refieren son «testimonios»). Sus teofanías empiezan a hacerse más presentes hasta que la acumulación hace que pierdan el carácter mágico y Durruti empieza a hacerse familiar. Pero hemos de esperar hasta la página 231 para saber, gracias a un testigo, que tenía el pelo negro y encrespado, y a la página 232 para que se nos diga algo de la sonrisa y de los dientes. Hasta este momento, sabíamos *grosso modo* que era corpulento y tenía la piel oscura.

Por lo demás, Durruti se presenta en todo el libro como un monolito. La elección de los testimonios se hace en función de la integridad del protagonista, tan perfecta que no parece ofrecer la posibilidad de discrepancias relevantes. Durruti es único, tiene una forma sola, como una moneda que no se puede falsificar. Por supuesto, se debe objetivamente (como recuerda Enzensberger) al carácter público de su figura, que, ante la multitud, tendía a presentarse retórica y simbólica. Pero la red de interpretaciones que se ha tejido sobre él aparece especialmente monocroma. Y le llega el momento de la muerte. Muere de un disparo por la espalda (como los héroes del antiguo *epos,* asesinados por traidores incapaces de mirar a la cara). La ambigüedad que había estado perfectamente ausente de Durruti vivo explota con Durruti muerto. Si antes nada en él y a su alrededor era ambiguo, ahora todo lo es. Las interpretaciones se hacen, de repente, dramáticas, contradictorias, innumerables; a Durruti lo mató un francotirador franquista, a Durruti lo mataron los comunistas, a Durruti lo mataron sus camaradas anarquistas, a Durruti lo mató un disparo accidental del fusil que llevaba al hombro. Y en estas interpretaciones hay una infinidad de matices que modifican escandalosamente el sentido.

Solo llegados a este punto alcanzamos a saber cómo ve Enzensberger a Durruti, más allá de la severa serie de informaciones objetivas que nos da. Contrariamente a los héroes épicos, que son íntegros en vida hasta que el «traidor» les ataca por la espalda y hace eterna la integridad del héroe después de muerto, Durruti es un héroe íntegro en vida, pero una vez le han disparado por la espalda y muere, entra en el reino de la ambigüedad. La imagen poética que Enzensberger tiene de Durruti es la clave de este libro político, y probablemente coincide mucho con la realidad.

XX. FENOGLIO[54]

Redacto estas pocas páginas de introducción a Fenoglio tan alejado de cualquier finalidad celebrativa, y tan lejos de considerarlo un valor fundamental, que indudablemente el lector se sentirá al final más interrogado que introducido.

He releído a Fenoglio después de muchos años. Una casualidad poco generosa ha querido que por estos días releyese a Gógol, Pushkin, Balzac y Comisso. He leído por primera vez *El partisano Johnny*, que dejé de lado cuando salió.

Me ha parecido, desde las primeras líneas, que la prosa de Fenoglio es dificilísima, casi incomprensible. Para entender el sentido literal, debía releer algunas frases dos o tres veces. El deber me tenía enganchado a la página —agredida, por lo demás, con mucha simpatética aprensión—, pero en realidad me sentía irremediablemente expulsado por culpa de la enigmática grisura. No he tenido nunca un especial interés por las Langhe en cuanto tales, a decir verdad. La aversión que siento por Pavese no es, para los del gremio, un secreto. Tener

54 Escrito en diciembre de 1973. Publicado en P. P. Pasolini, *Descrizioni di descrizioni* [1979] y tomado de P. P. Pasolini, *Saggi*... [2008:II, 1951-1957]; no se publicó en la edición española de 1997.

que ocuparme de aquellos pueblos, de aquellas ciudades y de aquella campiña e intentar descifrar la prosa gris y, a la vez, oracular que las describe y expresa me ha parecido, nada más empezar, una fatiga casi insuperable. Me he recuperado transformando la pregunta que me hago como lector de «¿qué escribe Fenoglio?» en «¿cómo escribe Fenoglio?». Tras esto, he podido seguir leyendo.

¿Cómo escribe Fenoglio? He aquí algunos ejemplos.

Del cuento *Superino:* «Aunque la amistad nunca ha sido mi fuerte, en el segundo verano que pasé en San Benedetto me acerqué a Superino. Era hijo de Filippo y Teresa y vivían en una caseta semivacía enfrente de la canónica, sobre el promontorio que precipita sobre el molino del Belbo».[55]

Nota: ¿puede la amistad ser un fuerte? La locución «ser mi fuerte» se utiliza a propósito de hechos y cualidades específicos. Se podría decir, por ejemplo: «aunque la amistad hacia los animales nunca ha sido mi fuerte», e incluso: «sentir amistad por alguien nunca ha sido mi fuerte», pero decir «la amistad nunca ha sido mi fuerte» es consistentemente inexacto y, por tanto, oscuro. Más si el sustantivo abstracto «amistad» puede indicar la amistad que se siente hacia los demás y la amistad que los demás sienten hacia nosotros. ¿Cuál de estas dos amistades nunca ha sido el fuerte del narrador?

Siguen dos pretéritos perfectos simples (de uso solamente literario) unidos por una rima involuntaria y cacofónica («en el segundo verano que "pasé" en San Benedetto me "acerqué" a Superino»). Luego, en la frase «era hijo de Filippo y Teresa y

55 Es posible que el lector siga mejor el análisis lingüístico que hace Pasolini si tiene a mano el texto italiano de Fenoglio: «*Sebbene l'amicizia non sia mai stata il mio forte, nella seconda estate che passai a San Benedetto mi legai a Superino. Era figlio di Filippo e Teresa e abitavano in una casetta semivuota dirimpetto alla canonica, sullo sperone che dirupa sul mulino del Belbo*».

vivían en una caseta…», el sujeto primero es «él» y luego, en la coordinada, se convierte de repente en «ellos».

El lugar en el que viven Superino y sus padres consiste en una acumulación de datos: en una «caseta», frente a la «canónica», sobre el «promontorio» que precipita sobre el «molino». No «se ve nada» pues la confusión aumenta porque la caseta está «semivacía» y el promontorio «precipita» (verbo puramente literario y poético en una frasecilla cuya braquilogía es absoluta), además de por la presencia casi inmediata de dos preposiciones articuladas de la misma manera: «Sobre el promontorio que precipita sobre el molino…».

En *Ferragosto:* «Finalmente el autobús para Rodello. Era un autobús de los primeros, un cubo de metal con ruedas y con la puerta por detrás, y el conductor era poco mejor que un carretero. Se conocían con Toni porque se hablaron como medio amigos, mientras el de sobre el estribo picaba los billetes».[56]

Profunda oscuridad. «Rodello» nos lleva a un más allá en el que todo para nosotros es oscuro. ¿Qué pasa en aquel autobús que, con tanta imprecisión, es «uno de los primeros» y tiene un «detrás» en lugar de una parte posterior? Hay un conductor (que, como presumiblemente debe de parecer natural en aquel Rodello, es «poco mejor que un carretero»), pero este conductor no se presenta gramaticalmente ni como una parte del autobús ni como un ser vivo. Si nos centramos en el análisis gramatical, parece un accesorio del autobús: «Era un autobús de los primeros, un cubo de metal con ruedas y con la puerta por detrás, y el conductor era poco mejor

56 En el original: «*Finalmente la corriera per Rodello. Era una corriera delle prime, tutta spigoli e con la portiera sul didietro, e l'autista era poco meglio d'un carretiere. Con Toni si conoscevano perché si parlarono da mezzi amici, mentre quello da sulla predella forava i biglietti*».

que un carretero», donde, a decir verdad —para que el conductor pudiera ser definitivamente considerado, con tétrico humorismo, un elemento del autobús—, debería haberse escrito «y "con" el conductor "que" era poco mejor que un carretero». No obstante, que se pueda diferenciar, en calidad de ser vivo, del autobús lo oscurece que la conjunción «y» lo homologue a la «puerta por detrás» («y con la puerta por detrás, y el conductor»). El polisíndeton impone una función sustantiva a la frase que sigue.

Pero la oscuridad verdaderamente indescifrable se encuentra en la frase siguiente: no tiene sujeto; se verá luego, en el siguiente punto y aparte, que se trata de una mujer, pero de momento solo se puede considerar como sujeto implícito el último —y único— personaje nombrado, el conductor-carretero. «Se conocían con Toni porque se hablaron como medio amigos». ¿Quién puede, humanamente, no pensar que quienes hablaban eran el conductor y este Toni? En esta oscuridad hay tres imprecisiones más que la hacen más oscura: la locución «se conocían con Toni», la locución «medio amigos» y la función del «porque» («se conocía "porque" se hablaron como medio amigos»), que es difícil entender si expresa causalidad o efecto. La confusión se convierte en total en la frase que introduce «mientras» («mientras el del estribo picaba los billetes»). ¿Es un «mientras» adversativo o temporal?[57] En ambos casos, el lector queda sorprendido, precisamente, porque está convencido de que quien conoce a Toni y habla con él como «medio amigo» es el conductor (de manera imprevista, ahora, bajo la apariencia del revisor,

57 Es difícil descifrar las diferencias de matiz que apunta Pasolini en el *«mentre»*. Para hacerse una idea aproximada, sería como confundir en castellano «mientras» con «mientras que».

¿tenía las dos tareas? En cambio, inopinadamente, helo aquí, alejado, que revisa los billetes «de sobre el estribo», en silencio. Solo en el párrafo siguiente, repito, alcanzamos a saber que dentro hay también una mujer y que era el sujeto de la frase precedente. Queda siempre la duda, sin embargo: ¿qué billetes picaba «de sobre el estribo» el conductor que quizá era también revisor si los dos, la mujer y Toni, eran los «únicos» pasajeros y estaban ya dentro del autobús y hablaban entre ellos?

La pregunta que le hago al lector es la siguiente: las imprecisiones, las inexactitudes, la oscuridad, los desafueros gramaticales y léxicos que utiliza Fenoglio en estos relatos ¿son anacolutos? Si el lector tendiese a responder afirmativamente, debería añadir una pregunta: si Fenoglio utiliza tan abundantemente los anacolutos, es evidente que no habla en primera persona, sino que habla por mímesis, que copia el habla de los habitantes de Rodello y de sus alrededores, pero una mímesis lingüística, o estilo indirecto libre, ¿puede consistir solo en una serie de anacolutos?

¿Cuál es la razón por la que en la mímesis de Fenoglio no hay rastro de dialecto más que en la estructura de la frase? ¿Por qué el léxico no puede decirse que sea mínimamente dialectal, sino sencillamente hablado? Locuciones como «conocerse con alguien», «ser medio amigos», «de sobre el estribo», forman parte de un «braquioitaliano» interregional. Así, Fenoglio ¿ha «copiado» acaso el habla de los piamonteses como representantes de un italiano pequeñoburgués hablado por campesinos que lo han adquirido a través de algunas jergas especializadas (lenguaje burocrático, lenguaje militar, lenguaje deportivo)?

Cuando el cuento, en lugar de ser el relato de uno o dos personajes, es una historia coral, aparece con mayor claridad, porque el objeto de la mímesis (¡si de mímesis se trata!) no es una persona, sino toda una comunidad... Por ejemplo, las tropas partisanas de las Langhe, en *Los veintitrés días de la ciudad de Alba.* Léase: «Y luego un poco más de jaleo para prorrogarle la comida a los partisanos, a la hora una tras el meridión la república se fue, pero no tan deprisa que un escuadrón partisano no vadease el río y llegase al culo de la retaguardia... La sirena tocó el finis». O: «Se sentían bastante mejor que la noche, y todos atentos y serios observaban la trayectoria del metralleo, las nubecillas de las morteradas de los fascistas que metían un disparo tras otro como escalones para llegar arriba a la colina de los Biancardi, y hacían conjeturas muy sensatas».

Estos personajes que en conjunto son representados con un «ellos», en la bajeza infinita de su elementalidad lingüística, no rechazan por extrañas no solo palabras del lenguaje militar («retaguardia» o «trayectoria»), sino tampoco palabras «elegidas», adquiridas de la burocracia clerical: «prorrogar», «vadear», «la hora una tras el meridión», «finis», «conjeturas». El lenguaje cuartelario prevalece: «jaleo», «culo de la retaguardia», «morteradas» y, por último, «república», sinécdoque y antonomasia por «las tropas de la república de Saló», según las viejas costumbres del soldado de a pie. La mezcla de niveles de lenguaje se debe a que en la tercera persona del plural, gramaticalmente la protagonista del relato, están comprendidos, además de los pobres soldados, también los sargentos o los mandos de las más diversas procedencias (intelectuales o militares de carrera), entre los que se encuentra Fenoglio, a quien se debe el aura del relato mitificador —aura corregida por la indolencia humorística de quien no quiere aceptar de ninguna manera quedar descubiertamente involucrado en una conmoción o sentimiento demasiado grande—.

Al Fenoglio-partisano, primero narrador y luego autor, se deben construcciones sintácticas como «la república se fue, pero no tan deprisa que...» y adjetivaciones como «todos atentos y serios», referidas a los partisanos tomados como personajes positivos. De que en esta extrema elementalidad de sentimientos y de lenguaje aparece radiante la luz del *epos,* no hay duda: «Había quien habría apostado contra ellos, pero no tuvo tiempo porque, mientras en los campanarios de Alba daban las cinco, en el río estalló un ruido que no se sabía si eran los hombres los que lo hacían o era Dios, el ruido que empieza las batallas, y desde la colina de los Biancardi...». Estamos, más o menos, por Roncesvalles.

Otra pregunta que le hago al lector es: el anacoluto y la extrema miseria lingüística, ¿aparecen en Fenoglio en función de una idea mítica de un pueblo cuyos representantes reales —los partisanos— no pueden expresarse más que mediante la litote del silencio y la humilde *ars rhetorica* de la entrada en acción?

Si es así, ¿el antifascismo no resulta tan ontológico como el fascismo? ¿El partisano no se identifica con el soldado tradicional arrancado a la locura de la derecha y devuelto al sentido común de la clase trabajadora? ¿Qué significado tiene una nueva ideología si no se nombra —aunque la cause un pudor tozudo— y acaba degradada a puras expresiones existenciales?

El «Sr. Vittorini» (así lo llamaba Fenoglio en las cartas que enviaba a Calvino) veía en la prosa de Fenoglio —especialmente en *La paga del sábado,* haciendo que la destruyera para salvar solo algunos fragmentos con forma de relatos reconstruidos— «un qué obvio». Pero no se trata de «obvio» (al menos según el «Sr. Pasolini»), sino de pobre, de pobre, de pobre: una pobreza tan extrema que cae en el ridículo y en el delirio, en el *raptus* y en la aniquilación expresionista. Filtro atroz tras el cual la realidad aparece como un carnaval harapiento, más angustioso cuanto más busca el decoro. Léase: «... solo de uniformes había para cien carnavales. Hizo impresión sin igual aquel partisano raso que pasó vestido con el uniforme de gala de un coronel de artillería con las insignias negras y las bandas amarillas y en la cintura el cinturón rojinegro de los bomberos con el garfio grande. Desfilaron los de Badoglio con el pañuelo azul sobre los hombros y los garibaldinos con el pañuelo rojo y todos, o casi, llevaban bordado en el pañuelo el nombre de batalla. La gente los leía como se leen los números a la espalda de los corredores ciclistas, leí nombres románticos y formidables, que iban de Roldán a Dinamita...».

Conectando Fenoglio, a través de la ciudad de Alba como lugar de nacimiento, con Roberto Longhi —como recuerda Contini en una «cronología» de la vida de Longhi: «Nótese la amistad que tuvo con un joven excelente escritor de Alba, precozmente desaparecido (1922-1963), Beppe Fenoglio»—, Beppe Fenoglio se podrá quizá adscribir a la admirable, si bien marginal, corporación de los meridionales pintores de «bambochadas», esos estudiados con amor por Longhi; él, septentrional, un tétrico, desheredado, riguroso estilista septentrional, que no quiere arriesgarse a ver fuera de la línea de marca, fascinado por la mítica miseria de aquellos.

XXI. DINO CAMPANA Y EZRA POUND[58]

¿Por qué de un poeta como Dino Campana se ha adueñado la derecha literaria? Aludo, por ejemplo —a raíz de una reciente reedición popular de las obras de Campana—, a Enrico Falqui, editor diligente y nítido del libro, a Mario Luzi, prologuista del volumen y de una sección del mismo (la correspondencia entre Campana y Aleramo), a Silvio Ramat y a Domenico de Robertis, glosadores de los textos. No se trata de una excepción: toda la bibliografía de Campana —desde el 25 de diciembre de 1914 (Bino Binazzi) hasta el 20 de marzo de 1973 (Pietro Bianchi)— es obra de hombres de la derecha literaria (y, a menudo, también de la política). Deben exceptuarse poquísimos escritores y críticos «de izquierdas» que, sin embargo, han acabado siempre ingenuamente por bailar al son de quienes, apoyados en Campana, querían crearse una coartada «progresista», y hasta organizarse una cínica apertura a la izquierda. ¿Hay algo, en Campana, que justifique todo esto?

58 Escrito el 16 de diciembre de 1973. Publicado en P. P. Pasolini, *Descrizioni di descrizioni* [1979] y tomado de P. P. Pasolini, *Saggi*... [2008:II, 1958-1964].

Al releer hoy la obra completa de Campana,[59] lo primero que nos viene a la cabeza es la sencilla realidad de que este loco, que este poeta salvaje, era un hombre culto. No hay una sola página, una línea, una palabra de su obra que no tenga el inconfundible «sonido» de la cultura. Rudamente culto, se entiende; pero sustancialmente culto. Estudió Química en la Universidad de Bolonia, empeñándose en continuar unos estudios que no estaban hechos para él, lo que quiere decir que su cultura literaria no era precisamente profesional, pero tampoco era la de los autodidactas quizá geniales. Quiero decir que tenía una relación sustancialmente racional con la realidad, con la literatura y (metalingüística) con su obra. Particularmente precisa era su cultura pictórica; las apariciones en su lenguaje del gusto cubista y del futurismo figurativo son impecables. Algunos de sus breves poemas-naturaleza muerta están entre los mejor acabados, y si son *à la manière de,* lo son con un gusto crítico de gran calidad. Incluso el fondo surrealista de su poesía en prosa reaparece sin confusiones ni veleidades, sino con una calma extraordinaria (*La notte* es, quizá, la obra más hermosa de Campana). Finalmente, incluso los juicios críticos, muy raros por lo demás, acerca de sus contemporáneos y las notas en forma de *boutade* para un posible manifiesto de su teoría literaria (de moda por aquellos años), incluso en la deseada locura *à épater le bourgeois,* aparecen especialmente límpidos, brillantes, felices.

Al mismo tiempo, nos las vemos con la locura, la que le llevaba a pasar largas estancias en el manicomio y, a la vez, a los viajes de viejo «vagabundo» o «charlatán», o de *hippie* estrepitosamente prematuro, incluso en su definición inicial:

59 Hay edición española como D. Campana, *Cantos órficos,* A. Catalán y M. Bastines (tr.), Visor, Madrid, 2024.

dos veces se define Campana de manera narcisista como *«cappellone»* y *«poeta cappellone»*, con dos «p», de acuerdo, pero esto no impide que el lector se estremezca.[60] Sobre su locura, sus biógrafos y exégetas han preferido no dar ninguna información ¿Por piedad? ¿Moderación burguesa? ¿Miedo a arruinar el posible misterio y el seguro espiritualismo atribuidos, precisamente, a la locura? Lo cierto es que los únicos documentos sobre la enfermedad son los textos de Campana, y algún testimonio que solo el perspicaz diagnóstico del lector puede entender como relevante. Por ejemplo, el testimonio del padre, que habla de los salvajes ataques de odio del padre adolescente hacia la madre (la pobre Fanny Campana, maestra de escuela, de quien leemos algunas cartas, bonitas aunque casi iletradas, en la correspondencia Campana-Aleramo),[61] y naturalmente los testimonios que hablan de sus fugas, que parecen, bastante verosímilmente, como huidas de la madre. Madre que luego identificará míticamente en las monumentales figuras de las rufianas, no de las putas.

No sabiendo de qué locura se trata, no podemos estudiar en los textos de Campana las apariciones afásicas, las obsesivas predilecciones lingüísticas y las posibles exclusiones. Por otro lado, no obstante, hemos visto que sus preferencias lingüísticas se basan en el más seguro de los gustos literarios. Demostración de una forma afásica patológica podría ser su

60 Una versión menos pre-*hippie* del Campana «melenudo» en S. Vassalli, *La noche del cometa,* C. Clavería (tr.), Altamarea, Madrid, 2021, p. 46: «Pasolini, que no entendió nunca ni a Campana ni su mundo, se enterneció ante tal apelativo [...] en tiempos de Dino —y quizá todavía hoy—, "novatos" [*cappelloni*] en Módena eran los reclutas», y Vassalli pone el ejemplo de un texto de Nuto Revelli que habla de la estancia de Campana en la escuela militar de Módena, por lo que el *poeta cappellone* «no es el poeta rebelde [melenudo] sino el aprendiz de poeta...».

61 Cfr. Dino Campana-Sibilla Aleramo, *Un viaje llamado amor (Cartas, 1916-1918),* M. Moya Escobar (ed.), El Paseo Editorial, Sevilla, 2022.

«fragmentarismo», pero no, pues este coincidía con uno de los cánones literarios más utilizados e indiscutidos de la época. Además, su retórica prefascista —su sentirse «germánico» o «germano», como dice él—, con el consiguiente odio racista hacia la gente del sur de Italia, formaba parte de un particular «reaccionarismo» cultural de principios de siglo XX que no hay que tomar al pie de la letra.[62] La postura de Campana era, de hecho, reaccionaria, pero antinacional, ¿y?

A pesar de la gran simpatía humana que provoca Campana, y la complejidad de su figura cultural, acabada de leer su obra, uno se siente desilusionado, tenemos la sensación de tener entre las manos un «palimpsesto» (Pound) socialmente inutilizable, que nos recompensa con piedad (y bien está) además de con algo que queda irreparablemente objetivo. El saber de Campana no puede ser asimilado. Es más: la lectura de Campana se transforma en un espectro de Campana que mira desconcertado al lector y no sabe hacerse perdonar la pobreza del saber que ha recabado de su propia existencia, pero que ha quedado en lo privado y no le ha servido ni aun a él. Nos quedamos, pues, con esta mirada áfona que nos observa y que el autor nos lanza más para pedirnos ayuda desde el fondo del inconcluso descuido iterativo de su obra que para reprocharnos que le atribuyamos una impotencia que él sabe perfectamente que es suya. Es esta su sustancial inocuidad frente a lo real lo que instrumentaliza la crítica de derechas, que se adueñó

62 Véase, de nuevo, el parecer de Vassalli en la p. 201 del libro citado en la nota 60: «En 1942, gracias a una colecta entre artistas y admiradores, los restos [de Campana] se trasladaron a la iglesia románica del cementerio de Badia. Con tal motivo acude a Florencia el ministro de Cultura, Bottai, cuyo patrocinio da a la ceremonia un carácter oficial francamente excesivo, contribuye a aumentar el equívoco, en el que caerán personas mal informadas e ilustres como P. P. Pasolini, de Campana como "precursor del fascismo" y permite una presencia superflua, la de Papini».

enseguida de Campana. La locura de la derecha ha sido siempre formal y retórica: he aquí, entonces, un loco «de verdad» que le convenía. Incluso con toda la católica cautela del caso, y la habitual hipócrita piedad —ante la impotencia de Campana para representar la realidad que este agredía de manera narcisista sin creer lo más mínimo en los resultados de su agresión—, los literatos italianos tradicionales (los herméticos, para ser más exactos) vieron en él la expresión viviente —pero no literaria, social y políticamente peligrosa— de la propia aspiración nietzscheana al superhombre interior, espiritualista y delirante, deformando en esta dirección una poesía que, en cambio, es sustancialmente realista, aunque esté inspirada en un esteticismo sofocante.

Es tremendo que la locura, al dejar indefenso al loco, lo abandone al abrazo y a la protección de los más listillos y de los más interesados. Y esto también en el caso de Pound. Es cierto que las manifestaciones reaccionarias de Pound van más allá de la dedicatoria a «Guillermo II, emperador de los germanos», pero no son menos fiables. Scheiwiller ha publicado hace unos meses los ensayos económicos de Pound «contra la usura», cuyos argumentos reaparecen y se repiten obsesivamente en los *Cantos,*[63] argumentos que no dejan duda sobre el estado de confusión del autor. La ideología reaccionaria de Pound se debe a su *background* campesino, como era el de Campana. Tras Campana se escondía Marradi, la pobre Romaña de principios de siglo XX, el latifundio y las peonadas a destajo, el socialismo y la anarquía, pero lo que contaba entonces, indudablemente, era el universo del «eterno retorno»

63 E. Pound, *Lavoro ed usura. Tre saggi* [1954], All'insegna del pesce d'oro, Milán, 1972. Los *Cantos* se pueden leer en castellano, J. de Jager (tr.), Sexto Piso, Madrid, 2018.

(véanse a propósito los volúmenes del «camisa parda» Mircea Eliade, por lo demás importantísimo historiador de las religiones) del que no se podía escapar más que mediante la rotura de la cáscara del huevo (en eso consistía el acto culminante del misterio órfico). Tras Pound se escondía, en cambio, la inmensidad de los Estados Unidos campesinos, de los que no sabemos nada, salvo situaciones y eventos grandiosos y confusos. Esto es cierto: que los inmigrados en Estados Unidos eran lumpemproletariado campesino, latinos o irlandeses, y que llevaban consigo sus universos, análogos y diferentes entre ellos, pero igualmente arcaicos. Se supone que cultivar la tierra en Estados Unidos, hace un siglo, cuando el padre de Pound tenía unos veinte años, debía de ser algo muy diferente a cultivar campos en Calabria o en Irlanda. Lo que en Pound, a través del padre y la mítica figura del abuelo, entró de este mundo rural lo sabemos gracias a las idealizaciones que Pound ha hecho de la cultura china, que nace (precisamente) del mundo rural arcaico del que provienen los modernos campesinos estadounidenses. Pound (como Campana, a pesar del título de su libro) no es en absoluto un poeta órfico. Quiso, firme y locamente lo quiso, permanecer en el mundo rural; es más, adentrarse en él, buscar el centro. Su ideología no consiste en nada más que en la veneración de los valores del mundo campesino (revelados, en concreto, a través de la filosofía china, pragmática y virtuosa). En este sentido, considero que se pueden suscribir, incluso políticamente, todos los versos conservadores de Pound dedicados a exaltar (con furiosa nostalgia) las leyes del mundo campesino y la unidad cultural del Señor y los siervos: «La palabra paterna es compasión; | la filial, devoción; | la fraterna, mutualidad; del *tosatel* [chaval] la palabra es respeto». Sigamos: «Al Soberano le gusta arar, ya al alba, | la emperatriz cuida los árboles con veneración, | no les cansan las calurosas fatigas...». E incluso: «Arando se adora» *(«There is worship in plowing»).*

La crítica ha intentado dar un aspecto unitario al coacervo de los *Cantos* atribuyéndoles una «trama» como al *Ulises* de Joyce, aunque reducido al estado preliminar de fragmento, eternamente interrumpida por *excursus,* paréntesis y desvíos desproporcionados, que han acabado por hacer que se pierda completamente de vista su posible unidad. Sin embargo, no hay duda de que en los *Cantos* hay una trama, aunque no debe buscarse en la sucesión, sino más bien en la profundidad del material escrito, como Pound dice: «El nexo existe | aunque mis notas desentonen». El «nexo» de los *Cantos* consiste en una «marcha» hacia atrás en el corazón del mundo rural (del que es símbolo la antigua China), donde los gobiernos son cada vez más tiránicos e iluminados, el mundo cada vez más práctico e idealista y «Filiación, fraternidad son las raíces, | los talentos son ramas. | Terminología el primer instrumento, | litro y galón. | Tras ello: ¡9 artes! | Los clásicos, | la recta historia, | totalmente cándida».

También al acabar la lectura de los cantos se siente uno vacío y desilusionado. Su sabiduría es demasiado particular y trágicamente privada como para poder ampliar verdaderamente nuestro patrimonio cognoscitivo. Detrás de nosotros hay un hombre (que ni siquiera nos mira) cuya experiencia ha quedado depauperada por una especie de incapacidad —orgánica, mental— que le impide sucederse con plenitud, aunque sea desesperada plenitud. Pound lo sabe, y en el canto CXVI, como en una especie de testamento, lo dice: «Caridad a veces tuve, no consigo que fluya...».

No obstante, si la obra de Pound no nos comunica un saber, en cierto modo utilizable, por culpa de su «desviación», para compensar nos comunica la experiencia pura del delirio. No hay lectura en el mundo tan embriagadora como la de

Pound. Leer el canto LXXVI tiene el efecto que, supongo, da tomar la más potente y maravillosa de las drogas. Pound no ha podido convertirse nunca, explícitamente, en prerrogativa de la derecha. Su elevadísima cultura, aunque (americanamente) un poco elemental (cuando a principios de siglo desembarcó en Europa se consideró un «bárbaro»), lo ha preservado de ser descaradamente utilizado: la culebra fascista no ha podido devorar este disparatado cordero pascual. Sin embargo, la atención fascista ha girado siempre, impalpable, alrededor de Pound, y ahora rodean su recuerdo. Dedicada a ello está, la primera y más que nadie, su hija Mary de Rachewiltz. No se podrá nunca lamentar lo suficiente esta circunstancia. Mary de Rachewiltz, educada en Alto Adigio por una niñera que seguía los dictados de un moralismo campesino que no podía resultar sino deletéreo para una burguesa frustrada por su ilegitimidad, que se formó en los últimos años de la Italia fascista, enfermera en un hospital nazi hasta los últimos días de la guerra, no solo administra y monopoliza protervamente en cualidad de —mediocre— traductora[64] el capital poético paterno sino que, además, ha escrito un libro de recuerdos sobre él: no recuerdo haber leído un libro tan obtuso y faccioso (a pesar de la mucha reticencia). Naturalmente, lo que podía interesar en este libro era la relación entre Pound y el fascismo, pero Mary de Rachewiltz no solo no ha entendido nada de su padre ni del fascismo, sino que ni siquiera se ha planteado el problema.

64 Mary de Rachewiltz publicó en *1963 I primi trenta Cantos,* en Milán, en la editorial Lerici-Scheiwiller. La traducción que hizo de los *Cantos* completos, Mondadori, Milán, 1985, recibió en 1986 el «Premio Monselice per la traduzione letteraria e scientifica», que dos años antes le fue concedido a Giorgio Manganelli por la traducción de los *Racconti* de Poe. Otros galardonados fueron: Fortini, Ceronetti, Pivano, Garboli, Dotti, Sereni o Felici, este por la traducción de *Tu rostro mañana* de Javier Marías (2011).

XXII. JÓVENES QUE ESCRIBEN[65]

Hace un año que escribo una columna semanal con diligentes artículos literarios. Quisiera hablar de ello. No hacer un resumen (que son siempre sentimentales y moralizadores), sino hacer algunas consideraciones; mejor dicho: dos consideraciones.

En un año no he hablado ni una vez de la primera obra de un escritor joven. Pueden ser excepciones Andrea Valcarenghi (que ha escrito un libro ingenuo sobre su experiencia como contestatario) y el equipo de Luigi Cancrini (que ha escrito un libro sobre la drogodependencia juvenil en Italia),[66] pero se trata de libros o trabajos sociológicos, no de obras literarias. El literato más joven del que he escrito es el casi treintañero Dario Bellezza, pero *Il carnefice* era su cuarto libro (había publicado una novela, *L'innocenza,* un extraordinario libro de poemas, *Licenze e invettive,* y otra novela, bastante

65 Firmado el 23 diciembre de 1973. Publicado en P. P. Pasolini, *Descrizioni di descrizioni* [1979] y tomado de P. P. Pasolini, *Saggi…* [2008:II, 1965-1970]; no publicado en la edición española de 1997.

66 En 1973, A. Valcarenghi publicó *Underground: a pugno chiuso!, Roma, Arcana.* En 1973, L. Cancrini preparó la edición de *Esperienze di una ricerca sulle tossicomanie giovanili in Italia,* Mondadori, Milán.

buena, *Lettere da Sodoma*). Lo que me pregunto es: ¿soy yo, que no me gusta ocuparme de los jóvenes, o no hay jóvenes de los que valga la pena ocuparse? He dado una ojeada rápida a la enorme pila de volúmenes que he tomado en consideración a lo largo de este año de «diligentes artículos literarios» y me he dado cuenta de que no solo no han aparecido libros de jóvenes de los cuales valiese la pena ocuparse, sino que tampoco han aparecido libros de escritores jóvenes. La lista de obras interesantes de treintañeros que podría hacer se reduce a: *Procida* de Franco Cordelli (Garzanti), *Cani sciolti* de Renzo Paris (Guaraldi), *Il supplente* de Fabrizio Puccinelli (F. M. Ricci), *Terrore piccolo borghese* de Anna Maria Guerrieri (F. M. Ricci).[67] Los escritos por veinteañeros son menos y más flojos. Todo esto me ha alarmado. No me tiene «pensoso» la suerte de la literatura, me niego a investigaciones periodísticas o a congresos que traten este tema. Me muestro impaciente y soy, seguramente, un poco «aristocrático» ante al problema de la literatura como problema social. No obstante, en el momento en que me he dado cuenta de que este año —y probablemente también en años anteriores— no ha aparecido una *opera prima* importante escrita por un joven y que, por añadidura, los jóvenes ya no escriben obras literarias, me ha entrado el pánico, he notado una especie de angustia personal.

El instinto consolador me ha llevado a toda prisa el pensamiento a los manuscritos de jóvenes que me han llegado a casa: un guion, de alto nivel intelectual, de Sandro Gennari, y una bellísima novela neocrepuscular, atroz *(Un pequeño*

67 De los cuatro autores citados no quedan rastros evidentes de traducciones al castellano en las librerías modernas. *Do ut des,* Renzo Paris ha publicado recientemente, *Pasolini e Moravia, Due volti dello scandalo,* Einaudi, Turín, 2022.

pequeñoburgués) de Vincenzo Cerami.[68] He pensado, además, en un grupo de jóvenes que trabajan en provincias: por ejemplo, uno de Cesenatico (que —¡qué le vamos a hacer!— se ha bautizado como «colectivo») que publica una revista *(Sul porto)* en la que, con los restos desoladores del lenguaje y de la pasión sesentayochesca, hay una vuelta no nostálgica, sino potente y realmente cultural, a los poetas de los años cincuenta. Pero todo esto es muy poco.

No quiero manifestar mi vergüenza a propósito, sino mi impotencia a la hora de explicar el fenómeno. Mi agnosticismo, en este caso, se identifica con tres explicaciones polémicas: 1) la neovanguardia del quinquenio 1963-1968 ha bloqueado a los jóvenes que, por moda, han hecho antiliteratura antes de hacer literatura, o sea, se han autocriticado (y muy severamente) acerca de una cosa que no han hecho y, en consecuencia, han criticado a los demás por una cosa que no conocían. Por culpa de una tensión moral al estilo de «El club de los suicidas» y por un principio inderogable fundado en la nada, han rechazado expresarse, pero todo ello sin espíritu alguno —es decir, por ejemplo, en el completo olvido de «papá»— y, para compensar, terroristamente, y con miserables ambiciones prácticas y catalogadoras a la espalda. Esta formación neovanguardista de la adolescencia ha impedido, y quizá impide todavía, que muchos jóvenes lleven a cabo una verdadera experiencia literaria. El suyo fue un aprendizaje dirigido a la aridez y a la presunción. Y, en la práctica, no han aprendido a hacer nada, y sin nobleza, empero. Porque, en tal caso, mi crítica sería propia del *qualunquismo,* y lo sabría.

2) El Mayo del 68 también bloqueó, a su vez, a los jóvenes. El intelectual se debía suicidar. La literatura debía tener

68 Hay edición española, Altamarea, Madrid, 2024.

una función auxiliar y subalterna a la propaganda política. Debía ser estrictamente utilitarista, de acción. Quien no estaba de acuerdo con esto «era un traidor». Sobre este tema, y sobre los demás, había que ser extremista, y no importaba si extremistas como los de un siglo atrás, los que describió cómicamente Dostoyevski, por ejemplo. ¿Qué joven podía tener el valor de oponerse, «*a fortiori,* solo» a tan enorme, triunfal, terrorista tendencia que reunía miles y cientos de miles de jóvenes de todo el mundo? Se escribió, cierto es, durante el periodo sesentayochesco un poco de literatura, pero era todavía neovanguardista. Jamás una confusión fue más monstruosa e idiota.

3) Antes, después, por debajo, por encima de todo esto, está la cultura de masas y la civilización del consumo, que el Poder ha ido cocinando poco a poco, ya en los primeros años de la década y que hoy tritura todo pasando por encima como una apisonadora. Es el Poder que, en realidad, no sabe qué hacer con la literatura (que para él es un residuo humanista como, en cierto modo la Iglesia, las tradicionales instituciones morales, Patria, Familia, etcétera; en suma, todo el pasado). En consecuencia, en el irrisorio contexto literario, la vanguardia primero y, luego, a escala mundial, la protesta juvenil de 1968, han hecho el juego que quería el Poder. Los jóvenes que tenían vocación literaria fueron desanimados, desviados, anulados —primero a manos del aprendizaje neovanguardista y luego de la Protesta— porque, podría decirse, al Poder le era indiferente que hubiera o no literatos. Es más, si estos literatos iban a convertirse en intelectuales incómodos, mejor que no existieran; es decir, que la autocrítica neovanguardista hubiera llegado hasta el extremo de reducirlos a la impotencia, o que el extremismo izquierdista los hubiera convencido a todos para que se suicidaran.

La segunda consideración que quisiera hacer a propósito de mi año de crítica militante es la siguiente. Poquísimos de los libros de los que me he ocupado con particular interés, atribuyéndoles un valor real, han sido reseñados (en las páginas de los periódicos) con el respeto y el entusiasmo que yo pensaba que merecían. Sobre este punto, soy menos agnóstico, y pienso que mis explicaciones no son tendenciosas. Para la crítica sí vale, al pie de la letra, lo que he dicho a propósito de los literatos jóvenes.

No hay duda: los críticos han sufrido el chantaje del terrorismo neovanguardista, bien pasándose directamente a sus filas, bien aceptándolo como un fenómeno importante y significativo (sobre todo, los críticos de izquierdas); han sufrido todavía más, después, el chantaje del terrorismo sesentayochesco, y a este se han plegado muchos Piotr Petróvich Luzhin (¿lo recuerda, acaso, el lector?), que en provincias había oído hablar de círculos progresistas «extraordinarios y casi míticos» que eran «potentes y omniscientes que despreciaban a todos y acusaban a todos», cosa que lo dejaba «aterrorizado, como solo los niños se aterrorizan a veces» y por eso, al llegar a San Petersburgo, decidió «de todos modos evitarse problemas y alcanzar la gracia de las "jóvenes generaciones"», preguntándose si acaso «sería posible hacer carrera gracias a ellos». Y por esto empezó a lamerle el culo al «joven extremista» Andréi Semiónovich Lebeziátnikov: «Un tipo caquéctico y escrofuloso, pequeño, empleado en un despacho cualquiera, extraordinariamente rubio y con patillas que parecían costillas de las que estaba muy orgulloso» (Dostoyevski publicó *Crimen y castigo* entre 1865 y 1867). Ahora que el nuevo Poder del que hablaba ha pronunciado sin tantas historias en 1967 su *heri dicebam* [*sic*] para pasar después a la estabilización definitiva de la civilización consumista y de la cultura de masas, he aquí que nuestros críticos, arrogantes aún tras pasar por el neovanguardismo y el sesentayochismo, están en manos del Poder como marionetas, sin ni siquiera un poco de dignidad. Las terceras páginas, las literarias, de «todos» los periódicos son el triunfo del *qualunquismo:* los libros de los que se habla se eligen casualmente —sí, como «productos»— un poco según las reglas del lanzamiento comercial, un poco según las reglas de los que mandan a escondidas. Acuadrillados todos, y elegidos sin el más mínimo rigor, de ellos interesa todo excepto el valor y la autenticidad. Interesa lo que representan socialmente, solo eso. De un libro se habla porque la moda, la editorial, el director del periódico, una posición literaria o ideológica compartida (pero en un sentido puramente práctico y personal) quieren que se hable de él. Por los libros ya no se tiene amor (el amor desinteresado por la poesía), no se tiene ni siquiera interés cultural. Y no pasa solo en los críticos jóvenes o en los de mediana edad, sino en los veteranos y aun en los ancianos.

No toda la culpa la tienen ellos, es decir, mi acusación no es solo moralista. De hecho, a sus espaldas se verifica no solo la disolución del Gran Dualismo (cultura de derechas y cultura de izquierdas, comunismo y catolicismo), sino también la disolución de una cultura y de una época histórica (cuya última fase se había caracterizado por una especie de hegemonía marxista). Perdidos los dos puntos de referencia, que esquematizaban la crítica, pero que también la obligaban a comprometerse, a hacerse clara y, en cierto modo, apasionada e interesada en valores auténticos (que eran los únicos que le servían y tenían un sentido), llegaron la confusión y la fragmentación debidas a las exigencias de un mercado que, en este campo, en Italia, es todavía arcaico a pesar de su behaviorismo consumista.

XXIII. FIÓDOR DOSTOYEVSKI, *CRIMEN Y CASTIGO*[69]

Un joven de veintitrés años —un joven guapo, aunque pálido y delgado— está «traumatizado» por culpa del amor a su madre (y, por extensión, a su hermana). La situación es, para nosotros, clásica: se trata de una pasión infantil edípica. El joven ha quedado petrificado por aquel amor tan violentamente sentido y correspondido, como si se tratase de una prueba de «laboratorio». De hecho, las consecuencias son bien conocidas: sexofobia, frigidez y sadismo. Parece que el joven se ha enamorado de una joven fea, infeliz, inteligente y enferma, que muere enseguida de tifus (diríamos, como él ha deseado). En este amor no hay sitio para la sensualidad. Él se siente atraído —no se trata de atracción sexual— por dos muchachas jovencísimas: una adolescente alcohólica o drogada que va así por la vida (y él la protege de un «soplón» pidiendo ayuda —sintomático— a un policía); luego, por un instante, lo atrae una joven mendiga, que por eso da pena, y la pena es humillante, puede ser humillante hasta el sadismo. A esta situación sexual inconsciente (la relación edípica con

69 Firmado el 4 de enero de 1974. Publicado en P. P. Pasolini, *Descrizioni di descrizioni* [1979] y tomado de P. P. Pasolini, *Saggi...* [2008:II, 1971-1976].

la madre, extendida a la hermana) se añaden otros elementos «objetivos» y en buena medida conscientes. Nuestro joven, de hecho, huérfano de padre, estudia en la capital, y se paga los estudios gracias a la mísera pensión de su madre, y su hermana se ve obligada a emplearse como institutriz. Todo ello ha dejado obligado al joven para con la familia. Terribles obligaciones de gratitud y de amor que se añaden, precisamente, a la violencia amorosa infantil y la inconsciente represión que la madre ejerce sobre él. Una madre buena, sí, buena; es más, angelical. Burguesa, pero dotada de las mejores cualidades de la burguesía de provincias, de aquel idealismo especial que no puede hacer del hijo más que un ser adorado y único.

Nuestro héroe es guiado por su inconsciente y se apresta, como en una pesadilla kafkiana, a interpretar el papel que le ha sido asignado, del que no puede sustraerse, como un autómata, pero al que puede buscar justificaciones que sirvan de pretexto, buscar (aberrantes, como veremos) fundamentos moralistas y teóricos. Un día «se le pasa por la mente una idea» —como si le viniera de fuera, de lo más alto— y él, como en una pesadilla, de nuevo, se pregunta cómo es posible que se le haya ocurrido una idea semejante sin ser suya. No puede saber, de hecho, que procede de lo más bajo. Así, se apresta a elaborarla, a hacerla suya (mediante la teorización).

La idea consiste en matar a una vieja usurera con la que ha empeñado algunos objetos (de la familia). Se resiste por un tiempo (largo) a semejante invitación, pero, al final, tras un largo ceremonial, cede. Así, él mata a la madre. La madre que lo obsesiona con el amor debido, que le crea exigencias, que lo humilla con la ansiosa comprensión, que lo enfrenta a la propia impotencia y que, sea como sea, antes había suscitado un amor en él que, para ser horrorosamente culpable, se había convertido —exigencia del mecanismo—

en odio. Pero ¿no habíamos dicho que a la figura de la madre había añadido, como un anexo, la figura de la hermana? Sí, de hecho, apenas asesinada la vieja usurera, entra en casa la buena y pacata hermana de esta; la puerta había quedado entreabierta, casi aposta, para que pudiera entrar. Además, nuestro asesino sabía que podía matar a la usurera entre las siete y las siete y media (más o menos), precisamente porque la hermana estaba fuera. Él, en cambio, llega tarde al lugar del crimen por culpa —estamos en manos de literatura de manual— de un sueño más largo de lo previsto. Él, en suma, ha ido tarde a casa de la usurera adrede, para dar tiempo a que vuelva la hermana de la usurera. Y mata a las dos. No solo elimina así, en la figura de las dos viejas, a su madre y a su hermana, sino que con ellas elimina aquella «doble realidad» que el amor por la mujer es para él: por un lado, la realidad represiva, feroz, angustiosa (la usurera), y por el otro la realidad tierna, afectuosa, pacata (la hermana de la usurera).

En su teoría —de corte nietzscheano—, nuestro joven considera el crimen un «crimen gratuito», cometido para demostrarse a sí mismo, por un lado, que es un hombre superior (que no duda a la hora de delinquir con tal de conseguir lo que pretende: tener dinero para estudiar, convertirse en científico, en filósofo, en un benefactor de la humanidad); por el otro, para demostrarse que es un «superhombre», más allá de cualquier valor moral establecido. En suma, oscila entre el cinismo de la *Realpolitik* y la grandeza de la acción pura. En todos los casos queda claro que todavía estamos en el «laboratorio»: él tiene necesidad, sencillamente, de superar el «complejo de inferioridad» derivado de todas las circunstancias que hemos visto.

Si no fuera porque —fatalidad—, tras la monstruosa empresa, se verá constreñido a hablar de «fracaso». Y se verá frente a la propia «inferioridad» (que a él se le muestra solo como incapacidad para esconder los rastros del crimen y, sobre todo, como incapacidad para resistir a los impulsos de la moral general, que exige el remordimiento y la confesión de la culpa).

En realidad, el «fracaso» consiste en otra cosa. Consiste en que librarse de la madre mediante el asesinato de la usurera «doble» (buena y mala) es una liberación simbólica. En la realidad, he aquí que la madre y la hermana llegan en tren desde la Rusia profunda. Es una verdadera resurrección, la reaparición de un fantasma. El crimen ha sido en verdad «inútil». La madre y la hermana acarrean consigo, inocentes, no solo el horrendo hato lleno de amor infantil sino también, además, todas las exigencias y las obligaciones de una vida por vivir, con sus problemas prácticos y el despiadado idealismo que no se debe traicionar.

La suerte de nuestro asesino está todavía por decidir y por vivir. Todo debe empezar de nuevo. Pero, ahora, nuestro héroe ya no puede hacerlo. La suya es una vida que avanza por inercia, y él recorre, de este modo, todas las etapas obligatorias que recorre por regla general —casi como de acuerdo con perfectas normas dictadas de una vez para siempre— un culpable que acaba entregándose, confesar y expiar. Llegados a este punto, las que cuentan son las vidas de los demás, las que se desarrollan alrededor de la suya.

A lo largo de su viacrucis (no evangélico porque él, naturalmente, es obstaculizado continua y profundamente por la interpretación «inconsciente» que hace de los hechos: el desafío moral que ha lanzado al mundo y el fracasado intento de ser un hombre superior) él, no obstante, influye en una vida (más que en las otras) antes de convertirse en un «muerto civil». Se trata de la vida de una muchacha —una adolescente como aquellas apenas vistas por la calle y «canceladas» de la mente— idéntica a la hermana de la usurera y, por tanto, a la madre «buena, pacata, idealista». La identificación de la muchacha con la hermana de la usurera y con la madre en tiempos de infancia es perfecta, incluso literalmente. El sentimiento de nuestro héroe para con esta muchacha debería ser amor (lo es, de hecho), pero se trata de un amor carente de un elemento esencial: el sexo, que se manifiesta (¡aún e irremediablemente!) mediante el sadismo. El joven le confiesa a ella, por sadismo, la culpa, y no deja de atormentarla por todos los medios. Ella, además, se ve obligada por culpa de la miseria, aunque sea casi una niña, a hacer de puta, lo que desencadena aún más la sexofobia y el puritanismo de nuestro héroe, que ignora perfectamente que tiene un sexo. Naturalmente, apenas repara en que siente amor por ella, lo «siente» como odio. Por el contrario, el amor ingenuo, inmenso e incondicional de ella hacia él, empieza a crearle el sentimiento casi cósmico de intolerancia que le había creado el amor de la madre. Ni que decirse tiene que él, al atormentar a la joven, se atormenta a sí mismo. Del mismo modo que, al matar a las dos viejas, se había atacado a sí mismo. Detalle, también este, de manual. No por casualidad antes de sesgar con el hacha la pobre, indefensa, tierna nuca de la malvada vieja (la madre, al envejecer, deviene infantil), nuestro héroe había tenido un sueño horrible: unos jovenzuelos, en el pueblo de la Rusia profunda, por donde él camina de la mano del padre (¡!) matan, torturándola atrozmente, a una pobre, magra potranca (que él, pasado todo, muerta, irá a besar desesperadamente en el hocico). Pero el hecho relevante es que, aunque se trate de una «potranca», él, dirigiéndose al padre y a los que allí estaban, precisamente por infante, llama «potrillo». Así pues, ¿quién ha sido torturado, maltratado, masacrado, sacrificado, una potranca o un potrillo?

Tras confesar el crimen y ser condenado a trabajos forzados, a nuestro héroe le sigue, como una perrita fiel, la puta de la que él no admite estar enamorado, o con la que manifiesta el amor a través de la crueldad. Ninguna novedad en lo hondo de su personalidad. Él sigue siendo la misma criatura cristalizada, monstruosa, automática —y, al mismo tiempo, el chico bueno e inteligente— que era antes de cometer el crimen. Nada ha cambiado en él. Sus compañeros de cárcel odian en él la fidelidad inquebrantable hacia sí mismo, el ascetismo de la diferencia que se desconoce a sí misma. Hasta que la madre de verdad muere, muere de dolor inocente, entre delirios de bondad materna, que, si bien intuía la verdad, no quiere admitirla, etcétera. Tal muerte, en principio, no significa nada. Es una muerte en el registro civil. Sin embargo, era indispensable para que finalmente algo se moviese dentro del obstinado hijo. Sucede de repente, sin razón alguna.

Se parece un poco a los que los cristianos llaman «conversión» y los filósofos zen «iluminación», es decir, una mutación radical que se verifica en un momento cualquiera o, incluso, banal. Una tarde, en un momento de pausa en el trabajo, en una cava, ante una gran llanura iluminada por un tibio y pálido sol donde, lejos, acampan los nómadas, nuestro héroe nota de repente que ama a la joven que lo ha seguido, que la ama completamente, de manera absoluta, como no pudo amar a la madre cuando fue niño. ¡Era tan sencillo!

Dostoyevski no solo ha anticipado la figura de Nietzsche y toda la cultura nietzscheana, no solo ha anticipado a Kafka, es decir, al menos la mitad de la literatura del siglo xx (de hecho, basta con quitar la descripción del crimen inicial y dejar el resto como está y *Crimen y castigo* se convierte en un enorme y convulso *El proceso*), sino que ha anticipado, precedido y novelado a Freud. A menos que aquel no supiese ya todo lo que Freud iba a descubrir. Esta mía no es más que una humilde charla y un análisis psicoanalítico improvisado, pero podría demostrar, en un ensayo documentado, que en *Crimen y castigo* hay un número impresionante de expresiones «explícitamente» psicoanalíticas. Me llena de infinita admiración, igual a la que siento por la inigualable «construcción» de la novela.

XXIV. CONSTANTINO KAVAFIS, *POESIE NASCOSTE*[70]

No había acabado de escribir que nombrar la homosexualidad es «tabú» —como se dice con esta palabra ridícula de la que se abusa— y llega el prefacio de Filippo M. Pontani a las *Poesie nascoste* de Kavafis y me trae triste confirmación.

La paginita dedicada al eros de este gran poeta (lo considero, con Apollinaire y Antonio Machado, el mayor poeta de comienzos de siglo) es una obra maestra de un efesio fanático de Pablo de Tarso. Y eso que Pontani es un literato exquisito, un hombre culto. Y, cuando menos, es el hombre de Kavafis, el hombre gracias a cuyas ediciones debemos el conocimiento de Kavafis. «Umbroso mundo», «alma vacía y oscurecida por una duda inexplicable en la frontera de un contacto de los sentidos», «un obsesivo vórtice de memorias no expresadas», «fugaces encuentros en un bar», «una "extraña belleza" en un teatro», «figuras apenas vistas o recordadas» y, finalmente, nombrado casi con turbada audacia, el «placer griego». ¿Quién es el destinatario de estos sintagmas ambiguos entre lo

70 Escrito el 3 de mayo de 1974. Publicado en P. P. Pasolini, *Descrizioni di descrizioni* [1979] y tomado de P. P. Pasolini, *Saggi*… [2008:II, 2049-2053]. El libro reseñado lo publicó, con idéntico título, Arnoldo Mondadori en Milán en 1974.

masculino y lo femenino? ¿Pontani? ¿El lector? Cierto es, hay algo en el texto de Kavafis que puede ser «modelo» de estas dudas (claramente floreales en un contexto italiano), pero se trata, ante todo, de una relación entre Kavafis y un idealizado o mal imaginado lector occidental, inglés sobre todo (puritano, quizá aún de tradición victoriana), y en segundo lugar se trata de la visión vistosamente ambigua que Kavafis tiene de la historia, siempre de acuerdo con los esquemas del tardorromanticismo y del decadentismo inglés. Todo ello aparece sublimemente «difuminado» en Kavafis, y la reticencia es una mozartiana, fúnebre coquetería («Son dioses por jovialidad», dice Gemisto citado por Pound). Pero temer nombrar el amor que siente Kavafis por los jóvenes significa no amar a Kavafis. Más si sabemos que el mundo greco-alejandrino del Levante en el que vivió Kavafis no tenía en verdad tales pudores.

Kavafis, materialmente, ha hecho el amor cuanto y como ha querido. El amor homosexual estaba aceptado en su mundo, es más, recibía cierto honor (lo recibe todavía, al menos hasta que la tolerancia de la Edad Consumista obligue a aquel mundo a abjurar, como costumbre heredada de los tiempos del llamado subdesarrollo). Kavafis no tenía, pues, problemas de tipo social —con sus vergüenzas— que afrontar por culpa de la inclinación sexual hacia los jóvenes: no «estaba tolerado», era libre. Naturalmente, todo ello en la medida en que no era occidentalizante. Su cultura occidentalizante conllevaba también la idea puritana e hipócrita de la vergüenza. El eurocentrismo tiene como piedra angular la «dignidad» falsa del hombre que tiene una falsa idea de sí mismo. Lejos de Europa, esta «dignidad» no se conoce. Se cede ante las debilidades humanas o se atiene a las leyes, o se da uno aires (los poderosos, los sacerdotes) con la misma ingenuidad con la que los humildes, en cambio, se abandonan, precisamente, a las ingenuas debilidades humanas. La hipotética condena religiosa (en la práctica casi siempre puramente nominal) no se convierte nunca en moralista. En los poemas de Kavafis se entrevé perfectamente este mundo ingenuo e ingenuamente degradado y corrompido. No es nunca el sentimiento de culpa ni en Kavafis ni en el muchacho que le gusta lo que interrumpe o hace dolorosa la relación, son las cosas de la vida, como sucede entre el hombre y la mujer. Naturalmente, con un joven las relaciones tienden siempre a ser o apriorísticamente más ligeras o apriorísticamente más trágicas que con una mujer. El amor por un joven no puede, por un lado, ser bendecido, legitimado; por el otro, está condenado por la transformación física del joven que crece y adquiere otras características sexuales. Así, Kavafis no podía sino vivir la inquietud del libertinaje, y la consiguiente soledad. Con inmenso dolor, con dolor equivalente a la alegría con la que, en realidad, conducía la vida.

Como sucede con Penna, por lo demás, los poemas de Kavafis tienen un sentido secreto y constante: la idea de lo milagroso de la existencia, descubierta como a través de un *enthousiasmós* religioso, que tiene las características tanto de la ansiedad como de la neurosis eufórica. En este libro de *Poesie nascoste* (el título es del traductor, como son del traductor los títulos de las diferentes secciones en las que divide el libro) están presentes todas las características de la poesía de Kavafis, y de la manera más seductora.[71] En los «pliegues de la historia», Kavafis consigue encontrar sorprendentes momentos de concreción existencial en un exceso de evidencia que anula, casi de golpe (con la bárbara vitalidad de la poesía), la imprecisión

71 Alianza Editorial editó la *Poesía completa* [1995] con «traducción directa» de Pedro Bádenas de la Peña, y la reeditó en Madrid en 2011.

histórica creada a propósito por el efecto de la aparición, precisamente, existencial. La cháchara (¡«homilía»!) que resuena en el fondo de una situación histórica la inventa Kavafis con el *humour* de un escritor moderno que copiase la cháchara jergal de la última hornada (Angus Wilson o Alberto Arbasino) y luego la alejase de sí, suspendiéndola como un «ídolo verbal» sobre el abismo.

Aire de «tabla sagrada» hay en los informes inacabados que Kavafis hace de sus amores, en los «pliegues de la vida». He subrayado solo uno («Y en aquellos lechos me tendí y yací»)[72] en el que Kavafis insiste (para un lector occidental; es más, inglés) en que para un poeta la única alternativa al ascetismo (alternativa, por lo demás, muy noble) es yacer en lechos vergonzantes —en una casa de citas— en lugar de confraternizar (es decir, confraternizar falsamente) con otros clientes en la «sala común». La perfección formal de todos los poemas (de la que este se destaca por razones sencillamente ideológicas) parece que se deba a la traducción de Pontani, que los ha egregiamente regularizado y homologado, separándolos de su caótico universo lingüístico: un neo-griego purista malamente (parece) construido (algunos poemas se caracterizan, como dice el traductor, por las «insoportables rimas verbales»). Yo creo, no obstante, que la «situación» inventada para las poesías históricas, y perfilada para las poesías de amor, es más fuerte que lo llevado a la página, como pasa en los grandes novelistas «que escriben mal». Un idioma greco-literario (incluso hoy absurdo) para un poeta alejandrino de principios de siglo no

72 Se trata del título de un poema. La versión italiana que utiliza Pasolini dice *«E su quei letti mi distesi e giacqui»*. La edición española «preferida por los lectores» dice: «Y sobre aquellos lechos me abandonaba y era feliz», en K. Kavafis, *Poesías completas*, J. M. Álvarez (tr.), Hiperíon, Madrid, 1981, p. 223, en la sección POESÍAS NO RECOPILADAS POR SU AUTOR.

podía sino ser un problema insoluble. Pero Kavafis no «habla la palabra» (Lacan): habla, todavía, la cosa.

Por coordinación del todo absurda (san Antonio, el de Flaubert —como mal poeta—, como hombre reprimido por atroces fobias sexuales en una sociedad «levantina» que, en aquel momento, era el centro y no la periferia, era moralista y represiva, y así no ingenuamente comprensiva y corrupta —la humillante preponderancia [del copto] sobre la lengua de cultura [el griego]— y, además, el nacimiento en Alejandría del biógrafo Atanasio) quiero recordar tras Kavafis la *Vida de san Antonio,* escrita mil quinientos años antes. Estamos en uno de los «pliegues de la historia», pero Atanasio no lo sabe, y habla de su santo de manera frontal, como exige la hagiografía: san Antonio no solo no está, para él, en «los pliegues de la historia», sino que está en el centro del universo, como en un ábside. Mientras, naturalmente, la fascinación de esta biografía consiste en ser una cháchara fanática (en Tiempos Medios, en los que el salón de tertulias era la iglesia) perdida en una esquina completamente insignificante de la historia, hormigueante de hierofanías paranoides.

Otra coordinación completamente absurda (la historia vista según una inspiración «estética», con el acento puesto en los detalles dejados de lado por los historiadores, pero no por los historiadores de la religión, que «aíslan», sin embargo, aquellos detalles, quitándole sus funciones objetivas) me ha llevado a leer *Le dame romane* de Pierre Klossowski. He quedado desilusionado, casi disgustado. Un libro basado en las teorías sobre el matriarcado del Sr. Bachofen es justificable solo si es exquisito y arbitrario, o elegantemente escandaloso, cosa que en absoluto sucede en este manualillo pedante. A menos que yo tenga tan poco sentido del humor que sea incapaz de entender que todo es una broma.

XXV. DACIA MARAINI, *DONNE MIE*[73]

Hay un momento inicial de la lectura en que el ojo es el dueño de todo. Se sabe, en efecto, que el ojo es la primera herramienta para la posesión, el creador del yo como propiedad a través de la introyección. Pues bien, incluso la lectura es ante todo una introyección, y el ojo domina sin oposición. Se expande por la página «escrita» —que es siempre una descripción, y luego, a su vez, la declaración de una posesión— con la frescura de un bárbaro conquistador.

Al expandirse libremente por las páginas de Dacia Maraini escritas en verso, el ojo ha comprendido enseguida de qué se trataba: ha visto la forma de la «tirada épica», el carácter de los «encabalgamientos», el bajo nivel lingüístico de la poeticidad, bajo hasta casi hacer saltar la alarma que defiende la prosa, una adjetivación cuya expresividad es puramente pre-textual, en cuanto exornación. Abrazado con una mirada, a vista de pájaro, el terreno que debe ser conquistado, y cómo está configurado, me he preguntado:

73 Escrito el 14 de junio de 1974. Publicado en P. P. Pasolini, *Descrizioni di descrizioni* [1979]. Tomado de P. P. Pasolini, *Saggi*... [2008:II, 2065-2071]. Reseña de *Donne mie,* Turín, Einaudi, 1974.

¿por qué Dacia ha escrito con tanto desaliño, señal de tanta seguridad?

Me hice la misma pregunta mientras leía hace unas semanas el libro de Danilo Dolci. Y efectivamente hay algo que une estas dos obras de personas muy diferentes entre sí. ¿De qué se trata? Esquemáticamente, de esto: la decisión de poner el libro a disposición y en función de otra cosa, de algo no literario, es decir, político y, por tanto, más importante; la consiguiente impaciencia por el esfuerzo requerido por una obra tan vistosamente «superada» por su función; la preeminencia aplastante del «creo», de la «fe» y de la consiguiente «lealtad» en los problemas estilísticos; la introducción del manierismo como operación destinada a suplir la solución de dichos problemas. Hay también algo más que acerca, al menos aparentemente, los dos libros: la desilusión de la espera del lector, en el sentido de que el lugar de una ideología estrictamente personal ambos autores lo llenan con una red de nociones y parénesis ideológicas, bien conocidas, codificadas, pertenecientes a movimientos ideológicos a los que los autores sacrifican la propia personalización del mundo, la propia subjetividad, pues se anulan ascéticamente. Para Danilo Dolci se trata de la *Nuova Sinistra,* del pacifismo, de la protesta radical pero no violenta, etcétera. No hay en todo el libro una idea de Danilo Dolci, algo que testimonie, aunque sea indirectamente, la originalidad de su pensamiento. Su originalidad se le pide a la acción, a la intervención, al modo de ser. Pero era precisamente sobre esto sobre lo que el lector sentía la necesidad de recibir alguna explicación «directa», y la espera no podía sino acabar desilusionada por culpa de la utilización triunfalista —mediante una lengua deprimida y gris— de tanta abundancia de ideología corriente.

Los principios ideológicos de Dacia y su lealtad, además de a la *Nuova Sinistra,* al pacifismo, a la protesta radical no violenta, incluyen también esa forma del marxismo «renovado» que constituye la dinámica de los grupúsculos, y de lo que podemos llamar Nueva Reivindicación; en concreto, se trata del feminismo. *His freta,*[74] Dacia no ha creído oportuno hacer solo literatura pura ni cuidar el texto en exceso, tenías cosas «más importantes» en las que pensar. Tenía a su cargo una Fe. ¿Qué es una página bien compuesta en comparación con la Fe? Se le ha dicho a Dacia lo que hace siglos que sucede a los católicos: la preocupación por el arte, la instrumentalización, la interpretación heterónoma (deleite o utilidad). Lo mismo les ha sucedido a los comunistas que han alcanzado el gobierno, con la desastrosa simplificación que hicieron primero del formalismo y la posterior condena. Ahora, solo nos faltaba el feminismo. Si se ocupa de los Problemas y de las Reivindicaciones de las Mujeres, un poeta puede permitirse pasar por encima de su propia y específica moral y sacrificarla a algo que, como es socialmente más importante y urgente, no puede sino chantajear al crítico (que lo lleva a despreciar esta vez a más de la mitad de la población del país en el que vive). Dejar desaliñada, a la buena de Dios, poco o nada compuesta manierísticamente una página se convierte en una culpa: la de no ser sensible a la urgencia de los temas que en ella se tratan.

A decir verdad, con este libro, Dacia ha provocado a la espera del lector una desilusión aún más grande: la de no haber aportado ninguna contribución franca, inteligente, convincente —incluso sobre el plano del mero y deslavazado contenido— a la causa del feminismo. Antes que nada, Dacia ha

74 Como si dijera «basada en estos principios ideológicos».

llevado a cabo una acción deshonesta, que no puede sino debilitar todas sus argumentaciones: se trata de una petición de principio, la negación del «macho» italiano y del «macho» en general. Un «macho» tal y como aparece en estos versos de Dacia no existe en la realidad, es completamente abstracto. Pertenece a la retórica de cómic que tiene el periodismo falsamente progresista. Además, en los versos de Dacia, aquel está puesto allí para hacer el papel de malo, con una fanática falta no digo de complejidad, sino también de cualquier tipo de *nuance:* un «malo», de nuevo, de cómic. Es cierto que un «malo» así, si existiera, estaría buscadísimo: un malo que llega, cogido por un *raptus* de erotismo casi ascético, «obsesionado» con el pene y la vagina, con la ciega violencia del coito, con el sadismo como declaración esclavista, como reducción de la persona a cuerpo por tradición popular e ingenuidad adolescente, etcétera, podría ser para algunas mujeres (y hombres) un «ideal» erótico sublime. Conozco mujeres y hombres que por un *partner* macho de estas características estarían dispuestos a despilfarrar fortunas. Pero no existe. O existe de modo completamente ridículo (el gallito, el amante latino), tan ridículo que parece conmovedor.

Desnudado de este mito que hace de él un culpable, le queda solo su ideología masculina, que Dacia justamente condena. Sucede que la ideología masculina de un macho tal no es sino la integración de la ideología femenina de la mujer que Dacia, en cambio, defiende. Cuando Dacia define el matrimonio tradicional: la novia virgen, el novio que exige tal virginidad, la novia que nada sabe de la mecánica del coito y el macho que, en cambio la conoce bla bla bla, no describe una «víctima» y un «culpable», describe en realidad «dos víctimas» de una misma moral social (por regla general de carácter popular y tradicional adoptada hasta hoy por la pequeña burguesía). El macho que exige la virginidad de la novia no está menos «engañado» que la novia que la conserva: el macho que conoce (en dicho contexto) la mecánica del coito es, en realidad, idéntico a la novia que no la conoce, visto que aquel habrá aprendido la mecánica con alguna prostituta callejera pagada para ser compañía de pocos minutos bla bla bla.

La gran solución que Dacia da es un consejo a la mujer para que monte ella al marido en lugar de dejarse montar o, en general, organizar el coito democráticamente. No consigo imaginar un bloqueo o una inhibición más desastrosos y frustrantes que introducir la obligatoriedad de la democracia en el coito. La democracia, si un día pudiera aplicarse (formalmente) en el acto, será bienvenida, pero «introducir la obligatoriedad» supone evidentemente la ruina de todo, la peor de las represiones.

La de la manera de hacer el amor —quizá en la noche de bodas— es la única contribución que Dacia aporta al comportamiento revolucionario inmediato de la mujer. Y es, por tanto, el único que he podido —a un nivel no precisamente vertiginoso— examinar. Todo lo demás es tópico feminista, bajo la marca dominante del victimismo.

Dacia, con cariz whitmaniano —remodelado por ciertos adornos lorquianos—, ha monopolizado la población femenina italiana. *Donne mie.* El resultado es un sectarismo monumental, del que si a Dacia, tomado el partido, se le puede escapar la insensatez política, no se le puede escapar (seguro) la completa falta de concreción cultural.

Quisiera apuntar, al menos, una situación real que Dacia debería haber podido afrontar, en lugar de entregarse a los lugares comunes, o tomar como *exempla* (que son la parte más bella del libro) de las mujeres «vividas» en el represivo mundo clásico, todos casos bien conocidos, y conocidos exactamente como los de los machos pobres, explotados, o emigrantes, o ladrones, etcétera. Hay hoy muchachas «nuevas» que viven «nuevas» formas de vida y tienen relaciones «nuevas» con machos de su edad (especialmente en las zonas en las que Dacia parece concentrarse: Roma y el sur de Italia).

Tomemos una zona de un barrio popular de Roma. Hasta hace pocos años, los hombres llevaban una vida y las mujeres otra. Ido el sol, no se veía una sola joven por las calles. En los grupos de chavales no iba nunca una chica. No era ni siquiera concebible una pareja del pueblo romano que hicieran el amor o se besaran en los jardines del barrio. Los jóvenes se educaban entre hombres; el «modelo» a imitar, para un chaval, era un «modelo» popular culturalmente elaborado por hombres. Lo mismo sucedía con las jóvenes. El hombre era completamente «viril» (en el mejor y en el peor sentido de la palabra) y la mujer, de la misma manera, era completamente femenina. Las relaciones entre sexos estaban regladas según el código de una vieja cultura popular «particularista», perfectamente «separada» de la cultura burguesa; mejor dicho, en un estado de perfecta extrañeza respecto a aquella.

Hoy, el poder de la sociedad de consumo ha revolucionado en pocos años este modo de vivir. Ha ofrecido e impuesto modelos «culturales» que han sustituido los modelos populares. La tolerancia (concedida y guiada desde arriba) ha hecho que no existan androceos y gineceos. El barrio está lleno de pandillas «mixtas» de chicos y chicas, los jardines llenos de parejas que se besuquean. Las chicas llegan mucho más tarde a casa y muchas son sexualmente bastante libres. En todos los bloques de pisos hay al menos una menor que hace el amor despreocupadamente con los chicos de su edad. La educación que lleva a imitar el «modelo» popular ya no la recibe el macho a través de sus compañeros. Debe seguir un modelo «burgués» (el pequeño consumismo de barrio), y para imitar ese modelo recibe la guía de las chicas, pues es con las chicas con las que pasa la mayor parte del tiempo libre. Depositarias por tradición —esta es, hasta el momento, la realidad— del conformismo y de la normalidad, las jóvenes de hoy son las depositarias de la nueva moral pequeñoburguesa, tolerante pero más rígidamente conformista que nunca. En ellas encuentra vida concreta el ideal del consumismo como triunfo social. En ellas encuentra una cierta reglamentación, tácitamente pactada y aprobada, un eros prematrimonial completamente libre. Y todo ello sin soporte cultural alguno, sin ningún fondo cultural.

La masculinización de la muchacha y la feminización del muchacho se producen completamente alejadas de la cultura, se producen en el hecho de vivir. El joven está fuertemente neurotizado porque ha perdido el viejo «modelo» viril y tiene miedo de no estar sexualmente a la altura de las libertades que le conceden y las que la joven actualiza y normaliza. La joven está, ciertamente, menos neurotizada; es más, se encuentra en un momento de levitación, de liberación. Empieza a disfrutar la plenitud de la vida. Pero se arriesga a convertirse en una «autómata» de dicha libertad (siempre, repito, concedida desde arriba). Ella carece totalmente de conciencia cultural. Su influencia, poderosa, sobre el joven es, por culpa de esta carencia de conciencia cultural, completamente negativa: la camaradería entre los dos sexos es una especie de complicidad neurótica, obsesiva. Este es el problema que hay que plantearle a las jóvenes.

Jovencitas mías, no *Mujeres mías.* Las «mujeres buenas» de Dacia son una exigencia de principio, como el «macho malo». La supervivencia de las mujeres que vivieron el represivo mundo clásico (las de la segunda parte del libro) impone una «lucha retardada». Lo que no sucede, en cambio, con las jóvenes. Las jóvenes tienen derechos civiles. Es inútil incitarlas y fanatizarlas para obtener derechos de los que existencialmente ya disfrutan. Es necesario decirles «cómo» ejercitar esos derechos; es decir, no hay que hablarles de problemas de comportamiento, sino de cultura. Los verdaderos problemas empiezan siempre tras la concesión de los «derechos» (como nos enseña la historia de los negros de Estados Unidos), y esto incluso cuando los derechos se hayan conseguido tras una lucha dura y consciente; imaginemos cuando estos han sido concedidos *motu proprio* —o por una serie de inevitables contragolpes de una lucha general— por el Poder.

XXVI. FIÓDOR DOSTOYEVSKI, *LOS HERMANOS KARAMÁZOV*[75]

Como es sabido, a Freud no le gustaba nada Dostoyevski. Las razones que aduce Freud para justificar su escasa admiración son convencionales y de «sentido común» («síntoma» claro, pues). En cualquier caso, Freud ha escrito un ensayo sobre el «parricidio» en Dostoyevski (a propósito de *Los hermanos Karamázov*) y a él envío al lector, aunque no lo tenga presente ahora con la claridad suficiente como para entender este «envío» y, aún más, para entender las dos o tres observaciones que quisiera hacer a propósito del parricidio (acaba de aparecer una edición popular de los *Karamázov*).[76]

Lo que más me sorprende en tal parricidio es la «división», mejor dicho, la «multiplicación» de las responsabilidades por lo que hace a la figura del parricida, y el «duplicado» por lo que respecta a la figura del padre.

Incluso en *Crimen y castigo* la madre «metafórica», es decir, la vieja usurera, aparece «duplicada», pues a esta se le añade la

75 Firmado el 13 de septiembre de 1974. Publicado en P. P. Pasolini, *Descrizioni di descrizioni* [1979] y tomado de P. P. Pasolini, *Saggi*... [2008:II, 2124-2128].

76 Garzanti, la editorial de Pasolini, publicó *I fratelli Karamazov* (tr. de A. Polledro) en la colección popular «I grandi libri» en enero de 1974. En castellano véase, por ejemplo, *Los hermanos Karamázov*, A. Vidal (tr.), Alianza, Madrid, 2021.

hermana «pacata». El matricida de *Crimen y castigo* asesina, pues, a dos madres en lugar de una, pero la «duplicación» se justifica aquí porque, en realidad, la madre se desdobla en sus dos aspectos primordiales: la madre-dragón, la madre-asesina, etcétera, y la tierna madre de la infancia, hecha introyección a través de la dulzura del seno, etcétera. De este modo, Raskólnikov asesina a dos madres, materialmente. En realidad, mata a una sola que, ante sus ojos alucinados, los del «tiempo del sueño», aparece en sus dos aspectos opuestos. Matricidio inútil, el suyo, como es sabido. De hecho, apenas cumplido, se le presenta la madre —como resucitada— viva y vivaz, con gran carga de prepotencia y de dulzura y (naturalmente) duplicada: se trata de la «madre» y de la «hermana» verdaderas, físicas, de Raskólnikov que se presentan en San Petersburgo procedentes del remoto pueblo natal.

También en *Los hermanos Karamázov* se mata a dos padres (aunque en el segundo el asesinato no se cumpla): uno es el padre verdadero, el otro es el que se ha comportado como tal; cruel e inmoral el primero, tierno y moral el segundo (que es alguien del servicio). En la misma noche, casi en el mismo instante, los cuerpos de estos dos padres —o de este padre en dos— yacen masacrados y ensangrentados. Pero si en *Crimen y castigo* este desdoblamiento aparece perfectamente claro y lógico, en *Los hermanos Karamázov* es infinitamente más inexplicable, enigmático. Que la unidad paterna la formen dos personas no tiene razón o justificación reconocible en la novela, ni siquiera por lo que respecta a los asesinos, que constituyen también un verdadero misterio.

El ejecutor material del parricidio parece ser Smerdiakov, el hijo ilegítimo, el que más razones parece que tenía, en el fondo, para odiar al padre. Digo «parece» y no «es» porque, en realidad, es él quien dice al hermanastro Iván que es el culpable y nada, ni siquiera Dostoyevski, puede garantizar que la confesión de aquel sea sincera. En realidad, el «momento» del asesinato del padre es una «laguna».

Dostoyevski —recurriendo a un truco que no tiene equivalente en su obra narrativa— pone puntos suspensivos. Lo deja en silencio, lo deja de lado, no quiere que se sepa y (¡quizá!) no lo quiere saber. En estos puntos suspensivos está todo Freud.

Los hermanos Karamázov es el poema de la remoción psicológica. El segundo hijo, Iván, en este aspecto, es el protagonista: la serie de sus «remociones» son de laboratorio. O sea, está llamado a representar explícitamente la «remoción», pero incluso el primogénito Dimitri, en realidad, y el hijo menor Aliosha son héroes de la remoción, y quizá este último más que nadie. Dimitri lo es de la manera más elemental: tiene un «lapsus», tiene «amnesias». Antes que nada, quizá, la amnesia acerca del crimen (en el caso de que la confesión de Smerdiakov sea insincera) unida a automatismos también de laboratorio. Por ejemplo, el hecho de coger el arma homicida con la cual, si no ha matado al padre carnal, lo ha hecho en cierto modo, mediante su sustituto o doble, el padre que lo ha criado. Los «puntos suspensivos» con los que no se dice, o se deja escondida, la mecánica real del parricidio —y el parricidio propiamente dicho— son la «laguna» en la que se puede leer, mediante una lectura no literal, la culpabilidad de los cuatro hermanos. El que más, Smerdiakov, como confesará acaso sinceramente (pero sin mostrar pruebas que para un tribunal pudieran demostrar nada más que una autoinculpación); luego, naturalmente, Dimitri, que se «olvida» de matar al padre verdadero y masacra luego físicamente al «doble» paterno en el jardín; luego, Iván, que acaba culpabilizado más que nadie en cuanto él, más que los otros (el inocente Dimitri y el monstruoso Aliosha), siente la culpabilidad del «mandante» (hasta la total amnesia de la psicosis y la muerte); y, finalmente, Aliosha, que lo sabe todo, que lo adivina todo y que no mueve un dedo para que no se cumpla lo que prevé.

Tocón humano que nos es presentado como un ejemplo de gracia y belleza, corpórea e interior (del que todos se enamoran), Aliosha es el verdadero enigma de la novela (que acaba con un discurso atrozmente oficial ante la tumba del pequeño Iliusha). Sus sentimientos, en la primera parte del libro, se desencadenan con la maravillosa pureza del exceso. Luego, de repente, desaparecen. Dostoyevski no se pronuncia directamente sobre todo esto, pero construye, en función de ello, dos figuras que de otro modo hubieran sido completamente inútiles, retóricas y hasta arbitrarias: Lisa Jojlakova y, precisamente, el pequeño Iliusha.

Lisa parece perfectamente inútil, carente de razón narrativa, hasta que pronuncia sus últimas palabras como personaje, acusando para sus adentros, en voz baja pero con todas sus fuerzas, a Aliosha: «Vil, vil, vil», y con estas palabras cumple de golpe con su función de personaje hasta este momento gratuito, extravagante, un poco manierista (manierista, se entiende, dentro de la obra dostoyevskiana porque, incluso en este caso —a propósito de la histeria—, Dostoyevski preanuncia una vez más a Freud con total claridad). También el pequeño Iliusha parece un añadido —él y todos los «pequeños», por razones un poco sentimentales— de la novela. En cambio, tiene el esencial cometido de «desviar» a Aliosha de la única acción real posible, la de salvar al padre y, finalmente, desenmascararlo haciéndole pronunciar un epicedio decepcionante, despreciable y sin futuro.

En todo esto, el verdadero culpable —ante la sociedad y ante la conciencia— es Dimitri: él es el parricida, y él paga las culpas del parricidio que, en realidad, ha llevado a cabo incluso materialmente, pues ha golpeado hasta la muerte al «doble» del padre, que ha sustituido al verdadero gracias a una especie de intervención divina, como aquella que cambió a Isaac por un cabritillo en el sacrificio de Abraham. Esta intervención divina no es mérito de Dimitri, y quizá ni siquiera se haya producido.

En esta intriga de relaciones entre hombres, hasta limitar con la homosexualidad (los sentimientos que unen entre sí a estos hombres limitan con el amor: Zósimo y Aliosha, los tres hermanos entre ellos, el hermanastro y los tres hermanos legítimos, los jovencitos entre ellos, Kolia y Aliosha), en esta intriga de relaciones entre hombres, digo, las mujeres son como universos aislados, unidos al resto de la trama solo por sentimientos oscuros hasta lo inexpresable o por simples palabras. El gran amor de Dimitri por Grúshenka aparece solo anunciado y, además, con expresiones vacías, casi irónicas, como «reina de mi corazón», etcétera.

Incluso el amor de Katerina, tanto por Dimitri como por Iván, es nominal, reverbera en el corazón de Katerina y se hace autosuficiente. Precisamente por estar tan aisladas de los hombres —como mundos diferentes— las mujeres irrumpen en las vidas ajenas con tanta furia tempestuosa, pero siempre inconclusa. Acaban por quedarse solas, desligadas, aisladas y ser terriblemente complicadas y enigmáticas, como eran al principio, cuando no se las conocía y todo podía ser aún explicado. Como islas a la deriva en medio de un mar de tormenta, parecen estar hechas de un material diferente al de los hombres, que se arremolinan en torno a ellas y las dan siempre por descontadas, incluso en el momento en que son más problemáticas e insistentes (por odio o por amor). En realidad, estos hombres que giran alrededor de las mujeres

—que están quietas o que actúan presas de imprevistas furias motrices que las devuelven al lugar en que estaban— se miran, se atraen o se repelen únicamente entre ellos.

Y, naturalmente, se habla solo de sentimientos porque, en lo tocante a órganos sexuales, los héroes de Dostoyevski parece que no tienen. En «nuestra ciudad» no se habla de eso. Hacerlo, precisamente, era la frontera que estaba destinada a ser franqueada por Freud, sin el cual el psicoanálisis de Dostoyevski se había quedado en una especie de continente perdido.

XXVII. EPÍLOGO PARA NOVELISTAS: FREUD CONOCE LAS ASTUCIAS DEL GRAN NARRADOR[77]

He comprado los *Casi clinici* en el Portico della Morte,[78] donde, de chaval, adoraba las ediciones Salani, con los poetas más indescifrables, y Novalis, Coleridge, Ramuz (no Blasco Ibáñez, que no lo he leído) y, más tarde, Dostoyevski. Pasé por allí el domingo y había el hielo habitual, la sombra de un hermoso día de otoño (la muerte). Los puestos, los mismos que había cuando yo iba al instituto, llenos de libros *«gialli»;* hoy, o de divulgación científica, o de actualidad, o de mucho éxito: han desaparecido todos mis poetas indescifrables, las ediciones Salani (resiste Blasco Ibáñez). Y, cosa horrible, de los años treinta a este 1963 feo y sacrílego, ojeábamos entre otros libros, convertidos en objetos, humillados instrumentos

77 Publicado en *Il Giorno,* 6 de noviembre de 1963. Tomado de P. P. Pasolini, *Saggi*... [2008:II, 2404-2408].

78 Quizá se refiera Pasolini a Sigmund Freud, *Casi clinici,* C. L. Musatti (pr.), M. Lucentini (tr.), Paolo Boringhieri, Turín, 1962. El Portico della Morte es un paseo porticado de Bolonia donde se vendían libros usados en *«bancharelle»* o puestos callejeros. Hoy queda allí la librería Nanni, con armarios de libros al alcance de la mano protegidos por el «anatema»: «Se ruega amablemente a los señores ladrones de libros que no se detengan». Fue un lugar importante en la vida de Pasolini, véase una imagen y el porqué en D. Toffolo, *Pasolini,* E. C. Gardiner (tr.), Altamarea, Madrid, 2023.

alineados entre miles semejantes, el volumen de *Accattone* y de *Ragazzi di vita*;[79] y así acaba todo.

Nunca sonó el topónimo «Pórtico de la Muerte» tan adecuado como hoy. Por culpa de este dolor, sin duda, por este cambio de la situación —en una situación, en realidad, inmutada—, me entraron ganas de comprar el libro de Freud y leerlo en el tren de vuelta.

Debo añadir: a) leí todas las obras de Freud, precisamente, en Bolonia (buena parte de los volúmenes comprados en el Portico della Morte), hace veinte años, y más: hecho fundamental de mi cultura y de mi vida; b) estaba ahora en Bolonia para «rodar» una serie de entrevistas a estudiantes universitarios y a los jugadores de fútbol del equipo «actualmente entre los primeros de la tabla», para un documental acerca de la vida sexual italiana.[80] A Freud —así concluí tras una investigación que no deseo a nadie, tan atroces son las traumáticas consecuencias de desilusión y de pérdida de estima por mis conciudadanos— no lo conocen en Italia más que cuatro intelectuales.

No lloraré sobre la falta de conocimiento y conciencia pública de Freud, sobre la no aceptación y circulación entre los estratos más altos de la sociedad italiana (algo que se me presenta como una *débacle* de mis ingenuos prejuicios [*preventivi*] juveniles, de mi optimismo algo más moderado sobre la función modificadora de literato); no lamentaré el estado asilvestrado, impertérrito, aislado en el que insiste en multiplicarse el italiano de cultura media, en esto —en el acto de multiplicarse— idéntico a sus hermanos que vivieron hace veinte, cincuenta, quinientos años; y no me reiré de la

79 Del texto de *Accattone* se publicaron varias ediciones en Roma en 1961. *Ragazzi di vita,* Garzanti, Milán, 1955, se reimprimió varias veces antes de 1963.

80 El episodio se analiza en Valerio Curcio, *El fútbol según Pasolini,* E. C. Gardiner (tr.), Altamarea, Madrid, 2022.

confianza en el porvenir de los ideólogos neocapitalistas que hablan de inminentes o, incluso, operativos acontecimientos antropológicos bla bla bla con los que todo esto ha cambiado, o está a punto de cambiar bla bla bla (mientras yo, superviviente de la referida, maldita investigación, tengo ante los ojos la Italia sexual como un viejo monumento de adobe y sol bla bla bla). Me limitaré a alguna consideración estilística.

Quiero decir: me interesa apuntar algunas cualidades de Freud hasta hoy, justamente, no subrayadas: cualidad de novelista, de sabio narrador. Naturalmente, de la raza de los que «escriben mal», como Dostoyevski, Svevo. En apoyo de esta impresión mía —y ciertamente obvia— de relector, podría remitirme a los más pertinentes instrumentales literarios: Spitzer, sin ir más lejos. Recuerdo, por ejemplo, un memorable ensayo de Spitzer sobre un *récit* de Racine, en el que aquel estudiaba un procedimiento, típico en los grandes escritores, utilizado para «presentar» los temas psicológicos de los personajes, o las «novedades» en el desarrollo del drama. Un apunte, que luego vuelve a utilizarse hasta convertirse en hilo conductor, pero que a simple vista parece inútil, o apenas accesorio, o incluso ornamental pero que, después, se llena repentinamente de significado. De tales «introducciones de motivos» están llenos los informes clínicos de Freud, y, por tanto, de parecidos, violentos, vitalizadores desarrollos. (Un guionista las llamaría *risvolti,* «consecuencias de importancia secundaria»). Demostración de dominio absoluto del tema. Cuando el tema se simplifica o, incluso, se ofrece de tal manera que aparece casi carente de resistencia, pobre plasticidad reducible a cualquier forma, quiere decir que son las manos de un verdadero escritor el que lo manipula.

Los momentos en que la introducción de los temas, que luego se vuelven funcionales, coinciden con los «descubrimientos», son los momentos de más feliz, de mayor confianza y de más entusiástica ósmosis entre escritor y lector (está, precisamente, en los *risvolti* del relato, pues con un sobresalto descubre el lector que el autor se dirige «directamente a él». Así, se siente en cierto modo coautor, partícipe de la vitalidad de la creación o, cuando menos, su depositario).

Por lo demás, Freud posee otra habilidad técnica del escritor, que Spitzer estudia en Proust):[81] la de la «posposición», el saber «retrasar», funcionalmente, una conclusión, ya prevista o vislumbrada, hasta hacer que coincida con la «cláusula», con una nueva chispa estilística, con el estallar de alegría de la comprensión del lector, por lo que la satisfacción de la colaboración intelectual se identifica con el placer formal.

Decía al principio que Freud no pertenece a la raza de los escritores que escriben bien, pero lo decía como *boutade*, como cosa no verdadera, naturalmente, pues los *Casi clinici* de Freud demuestran (quizá rudamente desde un punto de vista estrictamente literario) que la «forma» no es solo lingüística, no es registrable solo en la palabra, en la línea, en la página. O sea: que incluso un personaje —descrito con lenguaje instrumental— es una forma. Incluso una historia —contada con lenguaje instrumental— es una forma. Freud concibe y construye sus personajes como «formas», están completamente dominados por su interpretación, obedecen a sus fines, y son ellos mismos precisamente por esto. Al consentir la imagen que Freud nos muestra, al dejarnos convencer por él, encontramos su realidad de los personajes, como sucede con los grandes personajes de Dostoyevski o de Stendhal.

Recuerdo, como se recuerda un gran, un memorable momento literario, la postilla final en la que (en letra pequeña)

81 Leo Spitzer, *Marcel Proust e altri saggi di letteratura francese moderna*, P. Citati (pr.), Einaudi, Turín, 1959.

Freud inventa el último *risvolto* y da el toque final al personaje de la neurosis infantil; un toque que remueve por dentro, enciende festivamente todas las luces de nuestra inteligencia: «Es inútil que os diga, porque ya lo habrán adivinado, que él era ruso...».

Para acabar estas notas desordenadas, quisiera referirme a un detalle (uno de los infinitos, porque Freud, como todos los grandes autores, es insoportablemente rico) que a él, a Freud, se le ha escapado, como si no fuera significativo, o como puramente curioso (se le habrá escapado pero solo hasta cierto punto, pues lo ha citado). El presidente Schreber,[82] con las ideas delirantes hijas de la paranoia, inventa, como es sabido, un sistema ideológico y lingüístico completo; prácticamente inventa una religión. Esta religión tiene un dios, que él divide en superior e inferior. Pues bien, el superior se ocupa de los hombres rubios, de raza aria; el inferior, de los morenos, de raza semita.

Freud, que lo explica todo, por definición, no se ha detenido en este detalle. Para él era, en aquellos años, probablemente, solo un residuo de cultura positivista, escoria, a la deriva en la *Weltanschauung* [cosmovisión] paranoica del presidente. ¿Qué implicación nos puede sugerir hoy, a nosotros, este detalle? El presidente Schreber vivía, trabajaba, deliraba unos diez años antes de que acabara el siglo XIX, unos cincuenta años antes de Hitler. (Digo: por lo que a mí respecta, todavía no entiendo bien —científicamente— qué es el racismo. No sé, por ejemplo, si es completamente explicable dentro de un sistema interpretativo marxista, y por qué no, en tal caso).

82 Cfr. Sigmund Freud, *El presidente Schreber. Puntualizaciones psicoanalíticas sobre un caso de paranoia descrito autobiográficamente,* J. André (pr.), Amorrortu, Madrid, 2016.

Índice

«E il naufragar m'è dolce in questo mare»